天堂与权力

世界新秩序中的美国与欧洲

〔美〕罗伯特·卡根 / 著

(Robert Kagan)

刘 坤 / 译

Of Paradise and Power:
America and Europe in the New World Order

社会科学文献出版社

SOCIAL SCIENCES ACADEMIC PRESS (CHINA)

献给莱尼(Leni)和戴维(David)

导　读

美国在世界上扮演着怎样的角色？

美国应该如何与世界其他部分打交道？

美国的实力和影响是否处于衰落之中？

美国衰落后的世界将会变成什么模样？

…………

长久以来，诸如此类的问题一直是美国政策界、学术圈和思想库讨论和争论的焦点。2008 年以来，由于始自美国的全球性经济危机对西方国家的负面冲击，以及以中国为代表的非西方世界的崛起，美国的主导地位及其所代表的治理模式的稳固性都在受到深刻质疑,美国知识精英在这些问题上的争论也变得尤为激烈。

大体而言,美国知识界对上述问题的回答可以划分为以下几个宽泛的派别。

第一派是孤立主义者或新孤立主义者。根植于美国外交政策中的悠久传统,他们认为过多地卷入全球事务、承担太多的全球责任是美国实力消耗的原因。为了避免进一步衰落,美国应该以自我为中心,专注于自身事务尤其是内部事务,避免过多地卷入外部冲突和争端中,减少美国的国际承诺及其实际承担的国际义务。

第二派是现实主义者。怀着对均势政治的信念和权力滥用危险的担忧,他们倾向于认为在权力政治和不平衡发展的作用下大国兴衰和力量对比的变动是必然的现象。美国面临的问题在于避免超强实力遭到过分滥用,为了避免其他国家对美国的不满和制衡,美国应该审慎地使用自身权力,减少在全球的干预和介入,更多地采取离岸制衡的策略。通常认为,现实主义者以主张权力政治和自我利益著称,但实际上现实主义者总是站在反对美国对外干涉的前列。

第三派是自由国际主义者。他们主张美国应借助国际制度和多边主义来维持自身霸权,由于美国在二战之后缔造了一套既符合自身利益又支撑自由民主秩序的国际制度,美国具有仁慈霸权的性质。即便走向衰落,美国仍然可以借助国际制度,与民主国家盟友一道继续维持对美国利益和价值观有利的国际秩序。

第四派是新保守主义者。在他们眼中,美国作为单极强权的事实并未改变,美国实力地位的衰落更多的是一种担忧而非事实。作为自由秩序的缔造者和领导者,美国应该利用自身的超强实力,尽可能扩展自由、民主等价值观,在必要的情况下可以使用武力和依靠单边手段。

孤立主义在美国有着悠久的历史,但近几十年来由于美国的超强实力及其全球扩展,这种思潮在美国知识精英中并不普遍,反倒是在民众中有一定的代表性。现实主义曾经在冷战时期主导美国外交政策的决策制定,但在冷战后大多是以对美国外交政策的批评意见的面目出现的。在意识形态和主流价值的影响下,自由派知识分子在当今美国占据主导,因此自由国际主义和新保守主义两种思潮对冷战后美国外交政策的影响尤为明显。

自由国际主义和新保守主义都认定美国具有仁慈霸权的性质,主张美国对外政策应该反映自由民主的价值理念,致力于维护美国霸权、扩展自由秩序。但是,对于如何实现这一总体目标,两派存在巨大的分歧。具体而言,自由国际主义强调国际制度、多边机制、民主国家盟友的作用,而新保守主义强调美国有必要施展自身实力和维持自身行动的自主性,并不受到国际制度、规范和盟友的限制。

罗伯特·卡根是新保守主义阵营的代表人

物,他出版了多部专著和大量评论文章为新保守主义的外交政策理念进行鼓吹。总体而言,贯穿卡根著述的主旨是:美国是国际舞台上的单极国家和主宰力量,当今国际秩序的核心是由美国塑造的自由开放的国际经济体系以及自由民主的价值理念;一旦美国衰落,这套秩序也将不复存在;最为危险的情况是,中国、俄罗斯等威权国家的崛起或复兴将会冲击自由、民主等基本价值观念;为了防止糟糕的情况发生,美国自身以及民主国家盟友应该一道维持美国的实力和地位。

认识到卡根的核心思想,我们就不难理解这套译丛收录的三本著作中他所阐述的具体观点:他在《历史的回归和梦想的终结》中质疑那种认为自由主义已经扫除了一切敌人的"历史终结观",认为自由主义与专制主义之间的竞争仍是历史的主线;在《天堂与权力》中,他对欧洲人与美国人渐行渐远、想要享受自由秩序的好处又不愿意坚定地站在美国一边帮助维持这一秩序的做法进行诘难和讽刺;在《美国缔造的世界》中,他否认美国的实力正在走向衰落,同时又警告美国衰落将导致其缔造的自由秩序随之崩溃。

归结为一点,这三本著作都从不同侧面为美国主导下的秩序辩护,认定美国秩序不仅符合美国自身利益,而且这套秩序的扩展也符合世界其他国家和人民的利益。一如历史上的所有强盛国家,美国政府以及这个国家的知识精英们倾向于认为自己的行动是为了世界和平、正义和福祉的目的。然而,当付诸现实时,这些美好词语主要是根据居于主导地位的国家的偏好来定义的,因为它们手中掌握着定义和解释的权力。

在过去 20 年间,新保守主义与自由国际主义两种思潮在美国外交政策决策圈中的影响相互交替、此起彼伏。在最近结束的美国总统大选中,也明显表现出这两种思潮的角力,奥巴马团队中有许多自由国际主义阵营的旗手,而罗姆尼团队则主要是新保守主义阵营的大将(包括卡根在内)。

尽管奥巴马的再次当选表明,自由国际主义的风头暂时盖过了新保守主义,不过值得注意的是,这两种思想本身是同源的,它们之间的区别更多体现在维护和延续美国霸权的手段和策略上,而且在美国外交政策决策圈也存在合流的趋势。因此,关注美国国内思潮的变化,了解新保守主义的核心主张、兴衰流变及其在美国外交政策中的影响,对于观察美国国内政治、外交政策以及中美关系的发展都是十分必要的。

刘　丰

2012 年 11 月 16 日

赞　语

这本书同时在战略和哲学两方面表现卓越，包括现实权力和道德权力，美国的正义理念和欧洲的和平理念等等，罗伯特·卡根的这本小书的确是一本巨著。自从雷蒙·阿隆（Raymond Aron）辞世以后，就再也没有人写出这么好的东西了。

——利昂·维森特尔（Leon Wieseltier，《新共和》杂志编辑）

"微妙而卓越。"　　　　　——《新共和》杂志

"这本小书的观点重要而且令人信服,它缺乏更大的书页来承载其重要的信息,……令人深思的观点,但是这本书确实值得所有有良心的公民来阅读。"

——《书单》(*Booklist*)杂志(星级书评)

"从华盛顿到东京的外交政策界争论不断……这本书可以称作新'X'文章。"

——《华盛顿邮报》

"一部有说服力的新书……卡根的公正令人钦佩……他的分析非常有价值,也非常有启发性。"

——《底特律自由新闻》

"卡根这本充满挑衅的令人深思的著作值得所有关注跨大西洋两岸关系的人阅读……尽管并非所有人都会同意他的分析,但是读者可以从这本书体现出来的清晰度、洞察力以及历史的力量中获益不少。"

——约翰·麦凯恩(John McCain)参议员

"微妙而感同身受的分析，……富有洞见。"

——《西雅图时报》

"'美国人来自火星，而欧洲人来自金星，'卡根在本书的第一章这样写道，这可能是对那些外交政策智囊们最好的打趣了，可以用来解释跨大西洋两岸在国际关系的权力行使上反复的争端，……论据充分……非常有洞察力。"

——《纽约观察家》

"(卡根的写作总是伴随着)娴熟的技术、博学的知识以及充分的论据。" ——《国家评论》

"想找一本入门书来了解为何在伊拉克冲突中地缘政治力量在发挥作用的人都应该买一本罗伯特·卡根的《天堂与权力》。"

——《星期日电讯报》(伦敦)

"这本令人耳目一新的书是深思熟虑和整合关键信息的结果。通过这本书的阅读，你会在这

个重要领域进行更深刻的思考。"——乔治·舒尔茨（George P. Shultz），斯坦福大学胡佛研究所特聘研究员

"才华横溢。"——弗朗西斯·福山（Francis Fukuyama）

"西方民主社会已经分化为两个阵营：现实主义的美国，推崇武力；理想主义的欧洲，推崇知识的力量和多边主义。正如卡根明确指出的，美国的外交政策确实保留了强大的理想主义元素，但是如果必要的话，单独动用武力的意愿又深植于它的肌体中，这正是卡根所坚持的观点，也是令人信服的观点。"

——《华尔街日报》

"卡根冷静而绝对准确地描述了当前的（政治）气候。"

——《华盛顿时报》

"虽然纤小，但是卓著。"　——《商业周刊》

目录 | Contents

1. 序　章

　　现在,是时候停止假装认为欧洲人和美国人对这个世界拥有共同看法,甚至认为他们拥有同一个世界了。在涉及权力的所有重要性问题上——权力的效力、道德性以及对权力的渴求——美国人和欧洲人的观点都是背道而驰的。欧洲正在远离权力,或者换一种稍稍不同的说法,它在向一种超越权力的自我约束的世界迈进,在这个世界中包含法律、道德以及跨国的谈判和协作。它正在进入和平与相对繁荣的后历史天堂时期,实现着伊曼努尔·康德(Immanuel

Kant）所描述的"永久和平"。与此同时，美国仍然深陷历史泥沼，在无政府状态下的霍布斯世界中行使着权力，而国际法律和规则在这个世界里是不可靠的，同时，真正的安全和防卫以及自由秩序的推进仍然依靠拥有和使用武力。这就是为什么当今在对待重大战略性和国际性事务上，美国人像来自于火星而欧洲人像来自于金星。他们的一致性看法很少，相互理解也越来越少，这种状态不是暂时性的——不是某次美国选举或者某件灾难性事件导致的结果。形成这种跨越大西洋的鸿沟的原因是深层次的、长久的，不断发展的，并有可能是永久性的。当涉及设定国家优先考虑事务、判断威胁、定义挑战、构建和实施外交和防御政策时，美国和欧洲总是分道扬镳。

当一个美国人在欧洲生活时，很容易看到这种对立。欧洲人能更多地意识到不断增长的分歧，很可能是因为他们更加害怕分歧。欧洲的知识分子几乎都有一致的信念,即美国人和欧洲人不再具有同样的"战略文化"。欧洲的漫画将美国极端地描述成被"死亡文化"统治的国家,其好战的气质是暴力社会的天然产物,这个社会人人持枪,且面临死刑统治。但是,即使那些不做如此原始联系的人也认为美国和欧洲在执行外交政策上有着深刻的分歧。

欧洲人认为,同欧洲相比,美国在外交上的耐心更低,会更快地诉诸武力。美国人普遍认为世界被划分为善良和邪恶,朋友和敌人,然而欧洲人看到的是更为复杂的图像。当面临实际或潜在对手时,美国人普遍支持强制而非说服政策,相对利诱来说,更加强调通过惩罚性措施来引导好的行为,即使用"大棒"多过使用"胡萝卜"。美国人在国际事务中倾向于终局:他们希望问题得到解决,威胁被消除。并且,美国人在国际事务中越来越倾向于单边主义。他们不太愿意通过国际性机构进行行动,如联合国,更不愿意同其他国家进行合作一起追求共同目标,他们对国际法持有更多怀疑,当他们认为有必要或者仅仅是有用时,他们更愿意在国际法的框架之外进行操作。[①]

欧洲人坚持认为他们在处理问题时的细微之处有着更大的差别,而且这种细微处的差别更能精准地反映美国和欧洲的差异。欧洲人试图通过微妙和间接的方式影响他人,更能容忍失败,在解决方案未能快速见效时也更有耐心。他们普遍支持对问题的和平反应方式,更加偏好谈判、外交和劝服等方式而非强迫他人。在解决争端上,他们会尽快呼吁以国际法、国际公约和国际舆论进行调解。他们试图利用商业和经济关系将各国联系起来。他们通常强调过程而非结果,并坚信过程

---

① 一个有代表性的法国观察家这样描述:"美国人的思想体系倾向于强调军事、技术和单边解决国际问题,这可能是以牺牲政治合作为代价的。"参见 Gilles Andreani, "The Disarray of U. S. Non-Proliferation Policy," *Survival* 41 (Winter 1999 – 2000), p. 42 – 46。

最终能成为实质性结果。

当然,对欧洲人的这种刻画有着双重的讽刺意味,具有夸张且过于简单化的成分。对于欧洲人不能一概而论:在对待权力的看法上,英国人可能比欧洲大陆的其他人更"美国化"。他们对帝国的怀念,在二战中以及冷战初期同美国打造的"特殊关系",以及在历史上他们超然于其他欧洲国家的地位,这些都使得他们同其他欧洲国家逐渐分离。也不能简单地将法国人和德国人混为一谈:前者骄傲而独立,但是有着极度的不安全感;后者自从二战结束以来混杂了自信和自我怀疑。同时,东欧和中欧国家有着完全不同于其西欧邻国的历史,对俄罗斯的权力有着深植于历史的恐惧,这导致其对于霍布斯现实有着更加美国化的观点。当然,在大西洋两岸的国家内部之间也有着不同的观点。法国的戴高乐主义者同法国的社会主义者意见不同。在美国,民主党通常看上去比共和党更加"欧洲化"。国务卿科林·鲍威尔比国防部长唐纳德·拉姆斯菲尔德表现得更像欧洲人。很多美国人,尤其是知识精英,他们和欧洲人一样对美国外交政策的强硬"本质"感到不舒服。而一些欧洲人像美国人一样非常重视权力。

虽然如此,这种刻画确实捕捉到一个基本的事实:如今美国和欧洲在本质上已经完全不同。对比鲍威尔同法国、德国甚至是英国的外交部长,他和拉姆斯菲尔德有着更多的共同之处。当谈到使用武力时,对比最主流的民主党人和大部分欧洲人,他们同共和党人有着更多的共同之处。在20世纪90年代,甚至美国的自由派也更加愿意诉诸武力,同他们的欧洲同行相比,他们对世界的看法更具有摩尼教的特征(即善恶分明,译者注)。克林顿政府像轰炸阿富汗和苏丹一样轰炸伊拉克。可以肯定地说,大部分欧洲政府将不会这样做,并且,他们确实对美国的黩武主义感到震惊。如果不是受迫于美国,欧洲是否会轰炸贝尔格莱德将会是一个有趣的问题。① 在 2002 年 10 月,大部分民主党参议员支持了授权布什总统攻打伊拉克的决议案,然而他们在法国、德国、意大利、比利时以及英国的政治同行对此却目瞪口呆,恐惧不已。

这种不同的战略观点的源头是什么？近年来这个问题并未引起过多关注。大西洋两岸的对外政策专家和政策制定者已经否认了存在真正的分歧,并且试图忽视现有分歧,并指出跨大西洋联盟在过去也出现过紧张关系。那些更加谨慎对待现有分歧的人,特别是在欧洲,乐于抨击美国胜过乐于理解美国为何采取如此措施——或者,对此事,为何欧洲采取另一种措施。其实,我们早就应该

---

① 在 20 世纪 90 年代初期的波斯尼亚可以作为一个特例,当时一些欧洲人,像英国首相托尼·布莱尔,比老布什政府和克林顿政府都更赞成军事行动。(在科索沃危机中,布莱尔也是较早提出进行空中打击以及动用地面部队的人。)尽管当面临挑战时,执行联合国维和行动被证明是不成功的,但欧洲在波斯尼亚派驻了地面部队,而美国却没有。

抛弃否认和攻击,转而去面对问题的根源了。

　　不管很多欧洲人和一些美国人相信与否,这些战略性文化上的差异并非源自美国和欧洲的民族特征。从历史角度看,欧洲人现在所认同的和平战略是一种相当新的观念,它不同于那种统治了欧洲数百年、至少到第一次世界大战时才终止的战略文化,它代表了一种进步。曾积极地投身于一战的欧洲政府和民众,崇尚强权政治。他们是狂热的民族主义者,他们曾经意图用武力来推动国家观念,如俾斯麦执政下的德国;又或者挥舞着利剑追求平等和博爱,如一个世纪以前法国的拿破仑所试图实现的;又或者通过加农炮的炮口,传播自由文明的福祉,正如17世纪至19世纪的英国所做的那样。随着1871年德国的统一而实现的欧洲秩序,也"正如以前所有的秩序一样,是依靠战争建立起来的"。①

―――――――――

① Michael Howard, *The Invention of Peace* (New Haven, 2001), p. 47.

然而,当前欧洲人世界观的根源可以追溯到启蒙运动时期,就像欧盟本身的根源一样,欧洲过去300年的大国政治并没有遵循启蒙运动时期的哲学家和重农主义先贤的理想设计。

至于美国,现在则将无止境地依赖武力作为处理国际关系的工具,倾向于单边主义而不愿意投身于国际法。美国也是启蒙运动的孩子,美利坚合众国在建国初期对启蒙运动倍加推崇。美国的诞生寄托了启蒙运动时期欧洲人的巨大希望,他们对自己所处的大陆已经产生绝望,把美国看成一个"理性和人性"可能"比任何地方都发展的更为迅速"的国度。① 尽管始终未付诸实践,但是早期美国外交政策的措辞却弥漫着启蒙运动的思想原则。美国18世纪末的政治家,像今天欧洲的

---

① Robert R. Palmer, *The Age of the Democratic Revolution*: *A Political History of Europe and America*, *1760 – 1800* (Princeton, 1959), 1:242.

政治家一样,吹捧商业的优点,将其作为国际纷争的缓和物,对使用国际法律和国际舆论的呼吁超过对使用武力的呼吁。年轻的美国在北美大陆上仗势凌弱,但是当面对欧洲大国时,它却声称要放弃武力,指责 18 世纪和 19 世界欧洲帝国的强权政治是人类社会的倒退。

　　一些历史学家于是得出了错误的观点,即美国建国一代都是乌托邦主义者,这代人将强权政治真正视作"外来的和令人憎恶的",并且完全不能"理解权力在外交关系中的重要性"。[①] 但是乔治·华盛顿、亚历山大·汉密尔顿、约翰·亚当斯以及托马斯·杰斐逊并非乌托邦主义者。他们精通国际强权政治的实质。当情况允许时,他们愿意按照欧洲的规则参与游戏,并且通常希望他们有权力来更有效地玩转强权政治的游戏。但是他

---

① Felix Gilbert, *To the Farewell Address*: *Ideas of Early American Foreign Policy* (Princeton, 1961), p. 17

们非常清醒地了解国家的弱小,所以有意或者无意地使用弱国战略来谋取世界地位中的一席之地。他们批判强权政治,声称厌恶战争和武力,而所有这些正是他们远远不如欧洲大国的地方。他们吹捧商业的优点和改善关系的效用,而这些正是美国所具有的竞争优势。他们呼吁将国际法作为协调国家间行为的准则,这是因为他们深知除此之外无法约束大英帝国和法兰西王国。他们通过阅读瓦特尔(Vattel)在国际法上的相关著作,知道"强和弱……并不重要,侏儒并不逊于巨人,小国的主权比起最有权力的王国一点也不差"。[①] 之后的几代美国人,拥有了越来越大的权力以及对世界的影响力,便不再倾心于国际法约束下的国家主权平等。在 18 世纪和 19 世纪早期,不愿受国家法约束的恰恰是欧洲大国。

---

① 引自 Gerald Stourzh, *Alexander Hamilton and the Idea of Republican Government* (Stanford, 1970), p. 134。

两个世纪以后,美国人和欧洲人正好调换了位置以及观点。其中部分原因在于在这两百年间,特别是近几十年,双方权力对比发生了显著变化:当美国弱小时,它实行间接战略和弱国战略;一旦美国强大,它的行为就会像任何一个超级大国所表现的一样。当欧洲国家力量强大时,他们崇拜实力和武力。现在他们只能以弱国的姿态看待世界。这两种如此不同的视角自然导致在战略判断、威胁评估以及正确处理这些问题的合适手段上的不同,并且导致不同的利益计算以及对国际法和国际机构的价值和意义的不同观点。

但是,这种权力差异仅能部分解释为何欧美之间出现巨大的鸿沟。伴随着大西洋两岸权力差异而同时出现的,还有双方在意识形态方面的巨大差异。欧洲人,由于在过往历史中的独一无二的历史经验——最终促成了欧盟的建立——已经形成了一套和美国人完全不同的关于权力实用性和道德性的观念和原则,美国人没有这样的经验。如果说当今美国和欧洲的战略鸿沟比以往更加巨大,并且向着令人担忧的方向日益扩大,这是因为物质和精神文明的差异相互强化,这两方面共同导致的美欧分化趋势不可逆转。

2. 实力差距

　　一些人也许会问:老生常谈有何新意呢? 确实,欧洲作为世界上的军事大国地位衰落已久。对欧洲权力和信心造成致命一击的是在将近一个世纪以前,1914 年爆发的第一次世界大战。这场可怕的战争摧毁了欧洲五国的其中三国——德国、奥匈帝国和俄国——自 1871 年以来,这几大国就成为欧洲大陆权力制衡的主要支柱。这场大战摧毁了欧洲的经济,迫使欧洲人在之后的几十年间不得不依赖于美国银行家的资助。但最关键的是,这场战争摧毁了大英帝国和法兰西王朝的意志和精神,至少直到 1939 年在英国首相丘吉尔的领导下才有所好转,不过此时已经来不及阻止另外一场世界大战了。在 19 世纪 20 年代,英国人从对帕斯尚尔

(Passchendaele)的整整一代年轻人的残忍屠杀以及其他战场的屠杀中抽身而出,英国政府在战争结束之初便开始迅速裁军。深感恐惧的法国则设法维持足够的军队以对抗难以避免的德国实力的恢复和卷土重来的威胁。在 19 世纪 20 年代早期,法国竭力想同英国结盟,但是写有英美共同保障法国安全条款的《凡尔赛条约》,因为美国参议院拒绝批准而最终成为一纸空文。与此同时,遭受重创的英国,在某种程度上认定法国而非德国是欧洲和平的最大威胁,坚持不懈地要求法国到 1934 年底将军队裁减至德国的水平。温斯顿·丘吉尔(Winston Churchill)发出了不同的声音,警告"没完没了地要求法国削弱自身的实力"是"极其危险的"。[①]

　　在两次世界大战相隔的中间时期,欧洲第一次试图突破强权政治,从衰弱中孕育某种美德。

---

① Winston Churchill, *The Gathering Storm* (Boston, 1948), p. 94.

不再像过去一样依赖于权力，一战中欧洲的战胜国转而信奉"集体安全"，并且将其以制度的形式体现出来，即组成国际联盟。"我们的目的"，联盟中的一位领导成员曾经这样说过，"是不让战争发生，扼杀战争，消灭战争。我们必须创建一种新的体制来实现它"。[①] 但这种"体制"没有发生作用，其中部分原因在于联盟中的领导成员既缺乏权力也缺乏意志。具有讽刺意味的是，推动欧洲建立超国家法律机构来解决欧洲安全问题的先驱人物是一个美国人——伍德罗·威尔逊。威尔逊有权发言是因为美国通过过去几十年的发展已经成为世界上最富有最强大的国家，并且其在一战后期介入战争成为协约国赢得胜利的重要因素。不幸的是，威尔逊此时已经权力渐逝，结果事实上他也无法代表美国。美国拒绝加入威尔逊创立的机

---

① Edvard Benes quoted in E. H. Carr, *The Twenty Years' Crisis ,1919 – 1939* (London ,1948) , p. 30.

构,这彻底摧毁了国际联盟成功建立的任何希望。正如丘吉尔无奈地回忆:"我们对威尔逊的意见如此顺从,对达成这一和平创举充满希望,最后却被毫不客气地告知我们应该对美国宪法更好地进行理解。"①欧洲人就这样被抛弃,独自对抗在 20 世纪 30 年代重新崛起的武装的、修正的德国。"集体安全"分崩离析,取而代之的是绥靖政策。

对待纳粹德国的绥靖政策的核心就是实行软弱退避战略,这一战略与其说是发源于对德国实力发展的无力遏制,还不如说发源于对一场新的欧洲大战的可以理解的恐惧。

但是基于这种恐惧之上所建立的,是对如何判断德国所引发的威胁的性质以及如何遏制这一威胁的解决方案所进行的复杂论证的精细框架。特别是英国的官员,他们一直低估德国的威胁,坚称威胁还不足以采取行动。英国保守党领袖斯坦

---

①   Churchill, *The Gathering Storm*, p. 12.

利・鲍德温（Stanley Baldwin）在 1933 年说道，"如果可以证明德国进行军备扩张"，那么欧洲就会采取行动，"但是这种情况还未出现"。[①] 绥靖政策的支持者炮制了大量理由表明为何动用遏制权力既不必要也不恰当。一些人认为德国及其纳粹政府的合理抱怨应该得到西方国家的同情和理解。正如约翰・梅纳德・凯恩斯（John Maynard Keynes）所解释的，《凡尔赛条约》过于严厉并且产生了不良后果，如果说德国政治家拥有满腔怒火和报复心理的话，那么英国和法国只能进行自责。当希特勒抱怨德意志民族在捷克斯洛伐克和其他地方受到不公正待遇时，西方民主国家不得不默认该观点。欧洲其他国家也不愿意相信意识形态的差异会让他们同希特勒和纳粹德国做出妥协变得不可能。1936 年，法国总理列昂・布鲁姆（Léon

---

① 引自 A. J. P. Taylor, *The Origins of the Second World War*（New York，1983），pp. 73 – 74。

Blum)告诉一位到访的德国部长,"我是犹太人,也是马克思主义者",但是"如果我们将意识形态分歧看做是无法克服的,那么我们之间将一事无成"。[①]

很多人在说服自己,尽管希特勒很糟糕,但是他的取代者可能更加糟糕。英国和法国的官员曾经一起努力促使希特勒签署了协议,并相信希特勒自己能够控制住德国社会存在的极端势力。[②]

绥靖政策的目的在于赢得时间以及寄希望于希特勒能够满足现状,但是这种政策被证明给英

[①]　引自 Henry Kissinger, *Diplomacy* (New York, 1994), p. 307。

[②]　正如一位法国驻柏林官员所指出的,"如果希特勒真的像他宣称的那样真诚地渴望和平,我们将庆祝我们已达成的协议;如果他另有所图,或者有一天他不得不去屈从与一些狂热分子而撕毁协议,我们至少推迟了战争的爆发,而这实际上是我们的成果"。引自 Anthony Adamthwaite, *France and the Coming of the Second World War, 1936 – 1939* (London, 1977), p. 30; Kissinger, *Diplomacy*, p. 294。

国和法国带来了灾难性后果。过去的每一年都在为德国提供发展其潜在经济和工业优势并进行军备扩张的机会,直到力量增大到欧洲民主大国已经无法抗衡希特勒的地步。在 1940 年,希特勒的宣传部长约瑟夫·戈培尔在回顾过去二十年的欧洲外交时,仍不免震惊。

> 1933 年,法国总理应该这样说(如果我是法国总理,我一定这么说):"德国新总理就是那个写《我的奋斗》的家伙,那本书胡说八道,我们不能容忍在邻国有这样一个人,让他消失,否则我们将进军德国。"但是他们并没有这么做。他们让我们自行其是并且让我们避开了所有的风险区,这样我们可以在这充满暗礁的海中随意航行。**当我们准备充分,全副武装,实力超过他们时,他们却发动了战争!**[①]

[①] 引自 Paul Johnson,*Modern Times*: *The World from the Twenties to the Eighties* (New York,1983),p. 341。

假如绥靖政策的论调在不同的形势下应用于不同的人和国家,它们可能会理所当然地收到更好的效果——例如,20世纪20年代的德国领导人古斯塔夫·斯特雷斯曼(Gustav Stresemann)。然而这些论调被错误地用在30年代希特勒及其统治下的德国。不过,不管怎么说,绥靖政策并不是理论分析的结果而是软弱的后果。

　　如果第一次世界大战严重地削弱了欧洲,那么由于欧洲战略和外交失败导致的第二次世界大战几乎彻底摧毁了欧洲各国作为世界大国的地位。在战后,他们已无力在海外殖民地部署足够的军队来维持横跨亚洲、非洲和中东地区的殖民帝国,这迫使他们在进行了500多年的帝国统治之后,不得不进行大规模的收缩撤军——可能是人类历史上具有最大全球影响力的收缩撤军。在此后不到十年的时间便进入了冷战时期,相对于美国来说,欧洲人在亚洲和中东地区的殖民地数量和战略责任都在缩减,一方面是出于自愿,另一方面是迫于美国的压力,苏伊士危机就是后者的例子。

在第二次世界大战的末期,很多有影响力的美国人希望欧洲可以得到重建,成为世界的"第三力量",能够强大到依靠自身力量和苏联进行对抗,以便美国从欧洲事务中抽身而出。富兰克林·罗斯福、迪安·艾奇逊以及其他一些美国观察家相信大英帝国可以承担起帮助世界大部分地区防御苏联的重任。在战后初期,美国总统哈里·杜鲁门甚至设想一种伦敦和莫斯科进行霸权争夺,而美国则作为"公平的仲裁者"的世界格局。[①] 但当时的英国政府清楚地意识到自己在战后已经无力持续向希腊和土耳其提供经济和军事援助了。到 1947 年,英国官员已经看到美国将很快"从我们发抖的手中夺过世界领导者的

---

① John Lewis Gaddis, *The Long Peace* (New York, 1987), p. 55.

火炬"。① 欧洲现在需要依靠美国来保障自身的安全和全球的安全。法国和英国甚至不喜欢一个独立的欧洲集团或者"第三力量"的概念,害怕这会为美国从欧洲撤出提供借口。他们曾经被单独留下来面对德国,现在又将独自面对苏联。正如一位美国官员所说,"(法国人)迷信的唯一因素就是不管美国军队有多少,只要他们站在法国人和红军之间"。②

　　因此,二战末期后的 50 年内,欧洲进入了一种对美国战略性依赖的状态。势力曾经扩张至全球的欧洲现在再也走不出欧洲大陆。欧洲唯一重要的战略使命,那就是在冷战期间牢牢站稳,在美国人抵达之前保卫本国领土,抵挡住苏联的任何进攻。即使是这样的目标,欧洲人也在美国强大

---

①　John Lewis Gaddis, *The Long Peace* (New York, 1987) , p. 55.

②　John Lewis Gaddis, *The Long Peace* (New York, 1987) , p. 55.

的压迫之下才勉强完成。从北约建立到肯尼迪政府大规模增加欧洲常规部队的"灵活反应"战略，再到里根政府时期美国议员们吵嚷着要求欧洲承担更多共同防务的重任，欧洲都不愿意花费美国政府所认为的必需的庞大军费开支，这正是大西洋两岸关系紧张的根源。

但是冷战的环境导致了美国和欧洲利益之间不可避免的紧张局势。美国总体上倾向于建立一支有效的欧洲军事力量——当然，在北约的控制下——这样就可以在欧洲的土地上阻止苏联军队，而无需使用核武器，并且可以由欧洲人而非美国人承担大量战争伤亡的风险。毫不令人惊讶的是，很多欧洲人最希望的防御方式与此完全不同。他们满足于依靠美国提供的核保护伞的帮助，希望欧洲可以在美苏威慑的均衡态势以及相互确保摧毁战略下得到保全。

在冷战的初期，欧洲经济羸弱，的确无力建立自我防卫的军事力量。但是，即使当欧洲经济在冷战后期恢复以后，欧洲人对缩小军事差距并不是特别感兴趣。美国人提供的核武器保证打消了欧洲人本该花费巨资重建军事大国地位的动机。这种心理依赖也是冷战和核武器时代的必然产物。骄傲的高卢法国可能试图通过脱离北约以及建立自己小规模的核力量来摆脱这种心理依赖。但是这种力量除了一点象征意义外，丝毫没有减少法国和欧洲对美国的战略依赖。

如果说在冷战期间欧洲的弱小似乎没有给大西洋两岸关系带来问题，这部分归因于冷战冲突的独特地理环境。尽管被两个超级大国夹在中间，但是弱小的欧洲仍然是世界共产主义和民族资本主义斗争的战略中心舞台，再加上欧洲在历史上作为世界领袖的后延性，使得战后仍然保持着一定的国际影响和国际地位，并且这种国际影响超出了欧洲单纯依靠军事力量所能影响的范围。美国的冷战战略是建立跨大西洋联盟，保持"西方"的统一和团结一致是最基本的。自然而然地，这一战略提升了欧洲对全球事务的态度的重要性,使得欧洲人和美国人可能高估欧洲的权力影响。

这种理念一直持续到20世纪90年代,当时的巴尔干冲突迫使美国继续将欧洲作为战略重点。北约联盟似乎找到了一种后冷战时代的新使命,即将和平带到那些充满种族暴力冲突的欧洲大陆,即便这些冲突与20世纪早期的大规模冲突相比要小得多。此外,北约联盟的扩张,将原苏联集团的东欧国家纳入进来——意味着冷战胜利完成以及创建一个"统一自由"的欧洲——是西方又一项巨大的工程,这使得欧洲继续处于美国政治和战略考虑的首要位置。

之后便最早出现了要求实现"新"欧洲的希望。通过将欧洲的政治和经济统一起来——1992年马斯特里赫特(Maastricht)的历史性创举——很多欧洲人希望以一种全新的政治模式重塑古老欧洲的大国地位。不仅是在经济和政治上,而且在军事上,"欧洲"会是下一个超级大国。它将处理欧洲大陆的各种危机,比如巴尔干的种族冲突,它还将在国际事务最前沿发挥世界大国的作用。在20世纪90年代,欧洲还非常自信地断言统一后的欧洲实力将得到恢复,并且在冷战期间及其之后被摧毁的世界多极化格局最终也将重新建立起来。而且,大多数美国人怀着复杂的心情也认同了超级欧洲的即将实现。哈佛大学的教授塞缪尔·亨廷顿预言欧洲的联合将成为在世界范围内反对美国霸权主义的"唯一的最重要的举措",并将催生出一个"真正多极"的21世纪。①

假如欧洲在20世纪90年代期间实现了这一期望,那么今天的世界可能完全不同。基于大致对等的实力,美国和欧洲可能现在正在协商双边关系的新条款,而不是在今天的悬殊中挣扎。很可能这种双边协调的结果会实现双赢,欧洲将会

---

① Samuel P. Huntington, "The Lonely Superpower," *Foreign Affairs* 78 (March/April 1999), p. 35 – 49.

承担全球安全的部分责任,并且美国在制定其对外政策的时候,将更加尊重欧洲的利益和愿望。

但是"新"欧洲并没有实现。在经济和政治领域,欧盟创造了奇迹。即使在大西洋两岸同时出现了希望以及怀疑的恐惧,欧洲顺利地实现了统一的诺言。统一后的欧洲成为世界一流的经济强国,能够跻身于美国和亚洲经济大国之列,与它们平等地协商国际贸易和金融问题。如果冷战的结束,像很多欧洲人和美国人所预期的那样,将世界引入一个经济实力比军事实力更能决定国际事务的时代,那么欧盟将确实能够泰然自若地去规划世界秩序,同美国一样具有影响力。但是冷战的结束并没有减弱军事力量的特质,欧洲人发现经济力量并没有必然地转化为战略和地缘政治力量。美国仍然保持着经济和军事巨人的优势,在国际政治舞台上,其所运用的总体力量仍然远远超过欧洲。

事实上,20 世纪的 90 年代并没有见证到欧洲的崛起,相反却见证了欧洲军事力量相对于美国的进一步衰落。90年代初期的巴尔干冲突暴露了欧洲军事的无能以及政治的混乱。而90年代后期的科索沃冲突则暴露了跨大西洋两岸的军事技术和发动现代战争能力的差距,这一差距在随后的几年间进一步加剧。在欧洲之外,在90年代结束之际,这种差距表现得更加明显,因为欧洲大国自身也越来越清楚,不管是单独的国家还是欧洲整体,在欧洲大陆以外的冲突地区动用决定性军事力量的意愿和能力都是微乎其微的。欧洲人可以在巴尔干派驻维和部队——确实,他们最后在波斯尼亚、科索沃、马其顿,甚至阿富汗派驻了大规模维和部队,也许有一天也会向伊拉克派兵——但是他们缺乏向潜在的敌对地区(甚至欧洲本土)派出战斗部队和维持战斗部队的能力。在最好的情况下,欧洲的作用也仅限于在美国独自完成军事行动及控制局势的关键阶段之后,派驻维持和平部队。就像一些欧洲人所比喻的,美国与欧洲的真实分工就是美国"烹制晚餐"而欧洲人"清洗盘子"。

美国人更偏爱使用军事力量,但这并不总是意味着美国人更愿意冒伤亡的风险。美国和欧洲军事力量的差异同他们的士兵所具有的勇气没有任何关系。法国和英国,甚至德国政府很少受扰于让他们的军队承受战争的风险,这一点比起美国总统来,麻烦要小得多。在20世纪90年代中期的巴尔干危机以及末期的科索沃危机期间,英国首相托尼·布莱尔比美国总统比尔·克林顿更愿意向塞尔维亚派出地面部队进行攻击。但是,美国与欧洲的这种差距,确实对欧洲不利。美国希望避免伤亡,于是美国愿意花费巨额资金进行新的军事技术研究,这种意愿为美国提供了令人畏惧的军事能力,能够在远距离进行致命的精确打击,这降低了部队面临的风险。相反,欧洲军事力量相对落后,更依赖于近距离的地面部队作战。这种技术差距在90年代更加扩大,这一期间美国的军队在精确制导设备、联合打击行动以及通信和情报搜集方面都取得了巨大进步,这促使美国人比起欧洲人更愿意诉诸战争,因为欧洲人缺乏在安全距离上发动毁灭性攻击的能力,也因此不管发动任何攻击都将付出比美国人更大的代价。

同美国相比,欧洲军事实力的不足毫不令人惊讶,因为这正是冷战期间欧洲军队的特征。冷战对美国提出的战略性挑战以及其应对所使用的遏制战略,正如乔治·凯南(George Kennan)所提出的著名论述,这种遏制战略就是"在一系列不断变化的地缘和政治的地方部署灵活机动的反应部队",要求美国必须同步在几个远距离地区部署战斗力的军事能力。① 欧洲的战略角色完全不同,其

---

① X〔George F. Kennan〕, "The Sources of Soviet Conduct," *Foreign Affairs*, July 1947, reprinted in James F. Hoge Jr. and Fareed Zakaria, eds., *The American Encounter: The United States and the Making of the Modern World*(New York,1997), p. 165.

战略是有能力在苏联发动进攻时进行自卫和防御,而非部署战斗力。①

所以对于绝大多数欧洲国家而言,他们必须拥有一支大规模地面部队以保证在本国领土上阻挡苏联的入侵,而并不需要运输机动部队到更远的地方参战。冷战之后,一些提出欧洲应该在欧洲大陆之外发挥更多的战略作用的美国人和欧洲人实际上是在呼吁欧洲战略目标和战略能力实现革命性的转变。期望欧洲回到二战之前令人怀念的国际大国地位已经不太现实,除非欧洲人愿意将用于社会的更多资源转投到军事项目上,重建军队,并实现军队的现代化,以一支可派驻海外作战的机动部队取代原有的仅能发动自卫防守领土安全的部队。

很清楚的是,欧洲选民并不愿意进行这种革

---

① 英国和法国是最具有能力在海外发起军事行动的国家,但是较之美国,他们的能力还相去甚远。

命性的优先权调整。这并不仅仅是他们不愿意为在海外部署战斗力进行花费,冷战之后,他们甚至不愿意花钱维持一支充足的部队以应付欧洲大陆自身的小规模军事行动,而不是一味地依靠美国的帮助。当欧洲民众被问及,是应该加强北约还是为实现独立的欧洲外交和防卫政策增加花费时,他们认为这两个问题都不重要,回答都是否定的。欧洲人没有将苏联的解体看做是扩展欧洲战略领地的机会。相反,欧洲将之视作兑换巨大和平红利的时机。对欧洲来说,苏联的解体不仅消除了欧洲的战略敌人,在某种意义上,它也消除了地缘政治的必要性。很多欧洲人将冷战的结束看做是战略休假期。尽管谈过将欧洲重建为全球超级大国,但实际上欧洲国防开支占国民生产总值的比例在20世纪90年代逐渐下降到2个百分点以下,欧洲军事实力也继续稳步落后于美国。

冷战的结束对于大西洋两岸的影响也是不

同的。尽管美国人也寻求和平红利,因此,防御预算在20世纪90年代的大部分时间里有所下降或略微持平,但是却一直保持在占国民生产总值的3个百分点之上。在苏联解体之后,紧接着发生了伊拉克入侵科威特事件以及美国在20世纪最后25年以来最大的军事行动——美国在波斯湾地区部署了超过50万的士兵。所以,尽管美国政府缩减冷战期间的军队,但是规模远没有人们预计的那么多。事实上,继任的美国政府将冷战的结束看做是战略的休假期。从老布什到克林顿执政期间,美国战略和兵力规划仍然基于这样一种假设,即美国必须在世界上两个不同的战场上同时赢得战争。尽管这种双战场标准备受质疑,但是从未被军方和文职部门领导人抛弃,他们相信美国必须做好同时在朝鲜半岛和波斯湾进行战斗的准备。事实是美国必须保持打赢两场战争的军事能力的战略考虑,就足以显示其与欧洲盟国的差异,欧洲国家甚至难以打赢一场家门口的战争,更别提在千里之外的大战了。从历史标准看,美国后冷战时期的军事实力,特别是在世界各地部署武力的能力,仍然是史无前例的。

同时,苏联解体的事实增加了美国相对于世界的影响力。曾经唯一能与苏联抗衡的庞大的美国军事机器,如今没有任何单一的对手可与之较量。这种"单极时刻"导致一种完全自然的不出所料的结果:美国更愿意在海外使用武力。在确认苏联力量瓦解后,美国能够随意选择在任何时候任何地点实行军事干涉——事实是从老布什执政开始,美国就从没有停止过在海外进行军事干涉:1989年入侵巴拿马;1991年发动波斯湾战争;1992年对索马里进行人道主义干涉,以及后来克林顿政府时期对海地、波斯尼亚和科索沃的军事干涉。虽然美国很多政治家谈论从世界各地收缩力量,但现实却是同整个冷战时期相比,美国在海外的干涉越来越频繁。由于新技术的应用,通过空中打击和导弹袭击等有限战争手段,美国在世界范围内使用武力更加灵活,这些战争手段确实提高了美国使用武力的频率。因此,冷战的结束扩大了美国和欧洲之间早已存在的实力鸿沟。

3. 强与弱的心理学

　　这种不断增加的巨大权力鸿沟为何未能造成战略理念和战略"文化"上的差异的不断扩大呢？强国看待世界自然和弱国不同。它们衡量风险和威胁的方式不同，定义安全的观念不同，同时它们对非安全事件的容忍程度也不同。相比缺乏武装力量的国家，拥有强大军事实力的国家更愿意考虑将武力作为处理国际关系的工具。事实上，更强大的国家对武力的依赖超过了它们应有的能力。一个英国人曾经用一句古谚语来批评美国的黩武嗜好，"当你手中有一把锤子时，任何问题看起来都像是钉子"。这确实是一种事实。但是不拥有巨大军事力量的国家面对着完全相反的威胁:当你没有一把锤子的时候,你不希望任何问题看起来都像是钉子。这种强国和弱国的心态和观念差异说明了今天欧洲和美国之间的很多差异,尽管不是全部。

这已经不是一个新问题了。在冷战期间,美国军事的绝对优势和欧洲的相对弱势导致了在对待美苏军备竞赛以及美国对第三世界国家的干预问题上重要的,并且有时候是严重的分歧。戴高乐主义、德国"新东方政策"以及其他各种欧洲独立和统一的运动,不仅反映了欧洲人渴望尊重和行动自由,同时也反映出他们认为美国的冷战策略过于挑衅,过于耀武扬威,也过于危险。在冷战开始的最初几年,丘吉尔和欧洲其他国家领导人担心美国在与斯大林打交道时过于温和,但事实是以美国人通常要求对苏联采取更加强硬的遏制收单,而欧洲人对此加以拒绝。欧洲人认为他们比美国人更懂得如何去通过接触和诱导发展商业和政治关系，忍耐和克制等方式来更好地处理同苏联的关系。这种正当合法的观点，时常也得到很多美国人的认同，特别是在越战期间及其之后，那时美国领导层相信他们正在以弱国的角度来考虑问题。但是欧洲人不断反对美国更加强硬的冷战策略反映了欧洲相对于美国的持久且根本的软弱：欧洲人简单地认为在处理争端上要更少的动用军事力量，他们更容易受到强大的苏联的伤害。欧洲的策略也反映出他们无法忘记发生在欧洲大陆上的战争。美国人在他们自己不采取措施缓和局面的时候，反而认为欧洲的缓和战略是一种新型的绥靖政策，这其实是对 20 世纪 30 年代的精神恐惧的一种回归。而欧洲人认为他们的政策是绝妙的，是对他们所认为的美国过于对抗性冷战策略的一种回避。

但是，在冷战期间，这些更多是一种策略上的而非理念上的分歧。他们对待使用武力的目的看法一致,因为大西洋两岸都清楚需要依赖他们共同的军事力量来威慑苏联任何可能的攻击,无论这种攻击的概率看起来如何低。冷战的结束,既加剧了美欧的实力差距,同时消灭了共同的敌人苏联,不仅加剧了美欧在战略观点上的不同,同时也改变了他们在这些问题上争论的性质。

在20世纪90年代的大部分时间,大西洋两岸那些仍然沉湎于往事的政策制定者和政策分析家坚持认为美国和欧洲在对待那些威胁世界秩序与和平问题性质的判断是一致的,他们的分歧只是如何应对这些问题。这是一个令人愉悦的分析结果,但是却忽略了日益扩大的差距。在过去的几十年间,美国和欧洲盟友在到底是什么构成了对国际安全和世界秩序无法抵挡的威胁这个问题上,产生了越来越显著的分歧。而这些分歧实质上是彼此的实力差距。

冷战结束后,大西洋两岸的最大分歧之一,是如何界定最值得关注的"新"威胁。美国政府特别强调所谓的无赖国家或者一年之前布什政府提出的"邪恶轴心国家",而大部分欧洲人对来自这些国家的威胁却保持更为冷静的态度。就像一位法国官员曾经告诉我的,"问题来自'失败国家',而非'无赖国家'"。为何美国和欧洲对同样的威胁有不同的看法?欧洲人通常认为由于几个世纪以来一直受到两个大洋的庇护,美国对于"绝对"安全通常有着苛刻的要求。① 欧洲人声称他们知道同威胁共存,同邪恶毗邻的感受,几个世纪以来,他们一直这样——因此,他们对这些威胁的承受能力要强得多,不论这些威胁是来自于萨达姆·侯赛因领导的伊拉克、伊斯兰什叶派阿亚图拉控制的伊朗,还是朝鲜。他们声称,美国人把这些政权构成的威胁看得严重了。

但是,这种从文化角度的解释除了让人注目一下之外,没有什么实质意义。美国在建国初期

① 关于这个问题,美国教科书中普遍存在这样的观点。

的几十年间,实际上一直处于不安全状态,它被盘踞于北美大陆的敌对的欧洲殖民帝国所包围着,不断面临得到外国支持的分离势力企图分裂国家的危险。这种国家不安全感正是乔治·华盛顿告别演说的核心主题。至于欧洲人对不安全和邪恶势力的容忍,则被高估了。在过去三个世纪里的大多数时期,欧洲天主教徒和新教徒之间更多的是相互屠杀而非相互容忍;而法国人和德国人在过去两个世纪里彼此也难以相安无事。有一些欧洲人认为恰恰是因为欧洲人遭受过巨大的痛苦,所以他们比美国人对痛苦的忍耐力要强。事实可能正好相反。英国人和法国人对于第一次世界大战的记忆导致他们对纳粹德国更为恐惧而非更能忍受。正是这种恐惧心态在很大程度上促进了绥靖政策在 20 世纪 30 年代的盛行。

关于欧洲为何对当今的威胁更能容忍的一个比较好的解释就是欧洲的相对弱势。强国和弱国的心态差异很容易理解。如果一个人的武器只有一把小刀,他可能宁愿容忍一头黑熊在森林里徘徊觅食,而不愿意去杀死这头熊——因为仅仅用一把刀去捕猎黑熊的威胁实在太大——不如躺下并祈祷黑熊不要对他发起攻击。而如果这个人拥有一把猎枪,那么他对可容忍风险会做出不同的估算。如果他没有身陷被虐致死的情况下他为何要选择坐以待毙呢? 正是这种人类最正常的心理导致美国和欧洲面对威胁的表现差异巨大。绝大多数欧洲人总是认为萨达姆所造成的危险远不如铲除萨达姆引起的危险大。但是更加强大的美国人,难以容忍萨达姆和其拥有的大规模杀伤武器,特别是在"9·11"事件以后。用强国心理和弱国心理来分析,这两种角度的看法都有一定道理。欧洲人喜欢说美国人沉迷于解决问题,但是普遍的事实是具备较强解决问题能力的国家,比起那些没有能力解决问题的国家,更愿意试图解决问题。美国人可以设想成功入侵伊拉克并推翻萨达姆政权,因此到 2002 年底时,会有 70% 以上的美国人赞成采取军事行动。无需吃惊的是,欧洲人认为这种前景不可思议,而且令人恐惧。

对威胁缺乏反应能力不仅导致忍气吞声,同样导致对威胁的否认漠视。很显然的是当一个人无能为力时,他会尽量将之抛诸脑后。根据一位欧洲舆论研究者史蒂文·埃弗茨的观点,对"威胁"的非常聚焦将美国政策制定者同他们的欧洲同行明显区分开来。埃弗茨写道,美国人谈论外国"威胁"时,是指"大规模杀伤性武器的扩散,恐怖主义和'无赖国家'"。但是欧洲人所看到的"挑战"是"种族冲突、移民、有组织犯罪、贫穷和环境恶化"。埃弗茨指出,关键性的差异不是文化或哲学的分歧,而更多的是能力的分歧。欧洲人"所最担心的问题……都是那些有可能通过政治接触和花费大量资金解决的问题"。[1] 换

---

① Steven Everts, " Unilateral America, Lightweight Europe? Managing Divergence in Transatlantic Foreign Policy," working paper, Centre for European Reform, February 2001.

句话说,欧洲人聚焦于这些问题——"挑战"——欧洲力量的优势可以得到发挥的问题,而不是那些欧洲弱势无能为力的"威胁"。如果说今天的欧洲战略性文化在低估硬实力和军事力量,而高估软实力工具如经济和贸易,难道这不正是欧洲军事衰弱和经济强大的部分原因吗?美国人比其他人更快地识别风险的存在,甚至能意识到别人没有看到的威胁,这是因为他们自信能够有办法应对这些威胁。

欧洲和美国对威胁的不同理解并不仅仅是心理差异的问题,同时还根源于现实情况,是现存国际秩序架构和力量分化的产物。即使伊拉克和其他无赖国家对欧洲构成威胁,客观上其危险程度远不如它们对美国所构成的威胁严重。首先,有美国人提供的安全保障,欧洲人乐于享受,并且已经享受了60年,从美国在世界上的大部分地区开始承担起建立秩序的重任开始——从东亚到中东,这些欧洲力量大规模撤退的地区。欧洲人普遍认为,不管他们自己是否承认这一点,一旦伊拉克或者其他"无赖国家"崛起成为现实的危险时,美国人就将对其采取行动。如果说欧洲在冷战期间出于必需的原因而对自身安全作出了重大贡献,那么冷战结束后,欧洲人就开始享受史无前例的"免费安全",因为大部分可能构成威胁的地区都在欧洲之外,只有美国人可以在这些地区部署有效武装力量。从最现实的角度来说——也即,当涉及真正的战略性计划时——伊拉克、朝鲜、伊朗或世界上其他任何"无赖国家",都不是欧洲面临的首要问题。当然,也不是中国面临的首要问题。欧洲人和美国人都认为这是美国的首要问题。

这就是为什么萨达姆·侯赛因从来没有被欧洲人认为是一种威胁,而仅仅被美国人视为威胁。大西洋两岸的力量差异导致了这样一个符合逻辑的结果,那就是遏制萨达姆·侯赛因的任务一直由美国而不是欧洲实施,所有的人都同意这一判断①——包括萨达姆本人,这就是他为何选择将美国而非欧洲作为他最主要的敌人。在波斯湾、中东以及世界上其他大部分地区(包括欧洲),美国人扮演着终结者的角色。"你们如此强大",欧洲人通常问美国人,"但是为何你们常常感到受到威胁"?正好是美国的超级力量以及其愿意承担保护其他民族的责任感,使得美国成为被威胁的首要目标,而且经常是唯一目标。绝大多数美国人认为这种状态应该继续保持下去。

2002 年夏天,一项对欧洲人和美国人的民意测验清楚地揭示了大西洋两岸关于威胁看法的差别。尽管大部分报道显示美国公众和欧洲公众的意见大体一致,但实际结果显示,同欧洲人相比,更多的美国人不仅担心来自伊拉克、伊朗和朝鲜的威胁,而且担心中国、俄罗斯、印巴冲突,甚至以

---

① 尽管英国人在对伊拉克的军事行动中派出了数量可观的部队。

色列和阿拉伯国家的争端会对美国构成威胁——在所有这些重大问题上，美国人比欧洲人表达了更多的关注。① 但是为何美国人，"被两个大洋保护着"，却比离亚洲次大陆、中东或俄罗斯相对近的欧洲人更担心这些地区会爆发冲突？答案是美国人知道只要发生国际危机，无论是在台湾海峡

① 这项民意测验是由杰曼·马歇尔基金会和芝加哥外交关系委员会在 2002 年 6 月 1 日~7 月 6 日主办的。在要求确定什么"可能对至关重要的利益"造成"非常严重的威胁"时，91% 的美国人选择的回答是"国际恐怖主义"，只有"65%"的欧洲人持同样答案。关于"伊拉克发展大规模杀伤性武器"的问题，美欧之间有 28 个百分点的差距，86% 的美国人认为伊拉克是"非常严重的威胁"，而只有 58% 的欧洲人有同样看法。在"伊斯兰宗教激进主义"问题上，美国和欧洲的比例分别是 61% 和 49%；"以色列和阿拉伯邻国军事冲突"的百分比分别是67% 和 43%；"印度和巴基斯坦的紧张关系"的百分比分别是 54% 和 32%；"中国发展成为世界大国"的百分比分别是 56% 和 19%；"俄罗斯政治动荡"的百分比分别是 27% 和 15%。

还是在克什米尔,美国都将很有可能是第一个介入的国家。欧洲人对此也很清楚。民意调查显示美国人比欧洲人更担心所有不同性质的全球安全威胁,而欧洲人更关心地球变暖的问题。这说明美国和欧洲的公众都对各自国家的国际角色有着异乎寻常的正确理解。

欧洲人总说美国是"牛仔",而且事实确实如此。美国人确实扮演着国际警察的角色,虽然是自封的,但是却受到广泛欢迎。美国人试图将某种和平和正义强加到他们所认为的没有法制的世界,在这些没有法制的世界,歹徒需要被枪炮来进行威慑或者消灭。按照这个"狂野的西部人"类比,欧洲更像一个"沙龙举办者"。事实上,从沙龙举办者的观点来看,有时候当警察试图以武力来维护统治秩序时,警察对威胁到来的期待远超过歹徒,因为那个歹徒当时可能只是想要一杯饮料而已。

在"9·11"事件之后,几百万欧洲人走上街头抗议恐怖主义。对此,大部分美国人认为这是因为欧洲人与他们共担危险和共享利益:欧洲人知道他们会成为下一个目标。但是大多数欧洲人却不这么想,他们从未认为会成为下一个目标。他们有可能成为次要目标——由于他们同美国结盟——但绝不会是首要目标,因为他们不再在中东地区进行帝国主义操纵行为,所以欧洲不会在该地区遭受旨在针对美国的仇视和敌对。在"9·11"事件之后,当欧洲人流着泪挥舞着美国国旗,他们是出于对人类的真诚同情,是表达悲伤和对美国人的感情。不论如何,"9·11"事件之后欧洲人与美国的团结一致,更多的是受感情支配,而不是仔细盘算自我利益的结果。欧洲人发自内心的同情,并没有伴随着共担风险和责任之意,也没有使他们成为战略伙伴。相反,当美国人开始超越现有的寻找和摧毁奥萨马·本·拉登及其领导的"基地"组织的目标,转而寻求更大范围的"反恐战争"时,欧洲人撤退了。

在定义威胁以及如何应对威胁上的分歧在某种程度上只是表面现象,其更为基础的分歧是强大的美国和相对弱势的欧洲在世界观方面可能更为本质的差异。欧洲人与美国人不只是在具体问题,如伊拉克问题上,不能达成一致,而且在更为广泛的问题上他们的看法也难以统一,如应该如何治理世界,国际机制以及国际法应发挥怎样的作用,处理国际事务时如何在使用武力和外交手段之间保持平衡等。

这些分歧同权力差距有关。众所周知,欧洲的相对弱小导致欧洲更有兴趣构建一个经济力量和软实力重于军事实力和硬实力的世界,构建一个国际法和国际机制比单个国家的力量更为重要的国际秩序。在这种世界和国际秩序中,大国的单边主义被禁止,国家不分实力强弱拥有平等权利,并且国家受到一致同意的国际行为规则的保护。因为欧洲的相对弱小,欧洲非常乐于抨击和消灭无政府主义世界的野蛮法则,因为在无政府主义世界中,实力是国家安全和成功的最终决定因素。

这并非一种指责。这正是相对弱小的国家自太古以来所一直追求的世界。这也正是在 18 世纪和 19 世纪早期美国人所追求的世界。那个时候,法国、英国和沙皇俄国等世界大国按照欧洲强权政治体制进行统治,脆弱的美国经常遭受欧洲帝国欺凌,实现这样的世界就是美国所追求的目标。而且欧洲其他小国也谋求实现这样的世界。在那个历史时期,他们常常遭受到法国波旁王朝和其他大国君主的蔑视。18 世纪,在辽阔的海洋,美国是国际法的坚定拥护者,而号称"海洋主人"的英国海军却是坚定的反对者。在无政府主义世界里,小国总是担心会成为受害者。另一方面,大国却担心他们会受到规则的约束,不能恣意妄为。在无政府主义世界,大国只需依靠实力来保障安全和实现繁荣。

这种历史上的强国与弱国的自然分歧,如今

表现为大西洋两岸在单边主义问题上的争端。欧洲人普遍认为,反对美国单边主义是欧洲人维护世界秩序原则这一更大责任的明证。事实确实如此,尽管欧洲人对于世界秩序原则的维护并不完美,但比美国人要好得多。但是欧洲人却不愿意承认另外一个事实,即他们对单边主义的敌意也是出于自身利益的考虑。因为无论是单个欧洲国家,还是"集体"欧洲都缺乏实施单边军事行动的能力,这样他们自然会反对其他国家采取单边行动。他们自己做不到的事情,其他人也不能去做。所以,对欧洲人来说,呼吁多边主义和国际法是一件成本小而现实收益高的好事。

谈到美国那就完全不同了。民意调查显示美国人原则上支持多边主义行动。他们甚至支持在联合国的议题下采取行动,毕竟联合国是美国人创建的。但事实却与此相反,美国人不仅有能力独自行动,而且已经多次成功地实施了单边行动。那些轻易做出的美国不会"单独行动"的妄言,更多是一种希望的寄托,而非对现实的真实描述。如果美国获得同盟的话,美国人当然愿意同其他国家一同行动,并且其行动成功的可能性也要大得多。但是,如果美国不会采取单独行动的妄言变为现实,那么我们就不会有大西洋两岸关于美国单边主义的广泛而激烈的争论了。今天的问题是,如果这是问题的话,美国的确会采取"单独行动",而且美国作为超级大国想要一直保持单独行动的能力毫不令人怀疑。地缘政治的逻辑表明在坚持将多边主义作为规范国家行为的普遍性原则这一点上,美国人并不同欧洲人一样,具有重大的利益。不管单边主义行动是好事还是坏事,在单极世界中,客观上美国人都会因为其受到的谴责而比其他大国遭受的损失大得多。确实,如果美国人赞成欧洲人的多边主义观点,美国人就应该比欧洲人更支持建立国际法治秩序的理想和原则。因为对欧洲人而言,在一个根据多边主义原则治理的世界里,他们的理想和利益是相结合的,而对美国而言,理想和利益的结合远没有那么多。

所以可以理解欧洲人会畏惧美国的单边主义,并且会寻求通过国际机制如联合国来尽可能地遏制它。那些没有单边行动能力的国家自然希望有某种机制来控制那些有单边行动能力的国家。从欧洲人的角度看,美国可能是一个仁慈温和的霸主,但是鉴于它的行为阻碍了建立一个更能保障弱势国家安全的世界秩序,在客观上它是危险的。正如一位欧洲观察家指出的,这就是为什么近些年欧洲外交政策的目标变成促进美国的"多边化"的原因之一。① 这也是为何欧洲人会坚持要求美国采取行动之前必须取得联合国安理会的同意。联合国安理会是一个类似的真正多边机制,它是二战后由美国设计创立的,目的在于赋予二战后的五"大国"以特权来决定国际行为的合法

---

① Everts, "Unilateral America, Lightweight Europe?"

性和非法性。如今,安理会只有美国这样一个"大国",但如果能够劝服美国回到安理会的框架下并且遵守安理会的决议,那么不管如何,安理会是像法国这样的较弱国家至少理论上可以控制美国行动的地方。对于欧洲人来说,联合国安理会是他们缺乏实力的替代品。

尽管亨廷顿和很多现实主义理论家有很多预言,事实上欧洲人并没有试图大规模提升力量以平衡和抵消美国力量的增长。很明显,他们认为,即使美国实行单边主义,其威胁也不足以让他们增加防御开支。他们也不愿意冒着对美巨额贸易遭受损害的风险而试图运用经济实力对抗美国霸权。同时他们也不愿意同中国结盟,即使中国愿意为抗衡美国而投入巨额国防开支。相反地,欧洲人希望忍受美国的权力,同时又不削弱自身的权力。那么最后就只剩下微妙间接的手段了,他们寄希望于通过诉诸道德良心来控制美国这个巨人。

到目前为止,这是一个可靠的战略。美国是

一个有道德良心的霸权国家。它不是路易十四统治下的法国,也不是乔治三世统治下的英格兰。美国人自己从未宣称他们的行为正当是因为"存在即合理";美国人从来没有声称拥有强者的权力或者像雅典人在麦洛斯那样坚持"强国可以在其势力所达任何处进行统治,而弱国必须承受起被统治之痛苦";美国人也从没有接受过欧洲古老秩序的原则和马基雅维利主义的观点。美国是一个不断自由、进步的国家,以至于美国人崇尚权力,他们相信权力是实现一个文明和自由世界的必需手段。美国人甚至也赞赏欧洲人关于一个更有序的世界应该建立在规则基础之上而不是权力基础之上的理想——毕竟当欧洲人还信奉马基雅维利主义的法则时,美国人就在为实现这样的世界而奋斗。但是,当这种共同的理念和理想在形成大西洋两岸的对外政策时,它们却无法抵消欧洲和美国在关于世界秩序和国际事务中权力的作用等问题上的观念冲突。

4. 超级强权

　　目前大西洋两岸的紧张关系并非发端于2001年1月乔治·布什出任美国总统之时,也并非始于"9·11"事件之后。在小布什上台初期,其蹩脚的外交就加深了美国与欧洲在国际治理上的分歧。"9·11"事件则使二者的分歧进一步突出。这些分歧甚至在老布什及克林顿时期就已经凸显出来。早在1992年,双方在波斯尼亚问题上就开始相互指责。老布什政府拒绝采取行动,认为其在其他地区的战略义务更为重要。欧洲人声称他们要采取行动——他们坚持认为,这是"欧洲的时机"。但是当事实表明在没有美国的帮助下,即使在波斯尼亚,欧洲也无法采取行动时,这种申明便成了一纸空文。当法国和德国开始有所行动,打算建立类似欧洲独立防务部队时,老布什政府就不高兴了。在欧洲人看来,这对双方世界来说都是最糟糕的事情。美国对防卫欧洲失去兴趣,同时对欧洲自我防卫的理念产生了敌意。[①] 欧洲人抱怨美国不守信用,而美国人抱怨欧洲人软弱及忘恩负义。今天,很多欧洲人将克林顿时期看做大西洋两岸关系融洽的时期,但是,正是这个时期,欧洲人开始抱怨冷战后美国的权力和傲慢。也正是在克林顿时期,时任法国外长的休伯特·韦德里纳(Hubert Védrine)创造了"超级强权"这个词汇来形容美国让人忧虑的过分强大。也正是

---

① Charles Grant, "European Defence Post-Kosovo?" working paper, Centre for European Reform, June 1999, p. 2.

20世纪90年代,欧洲人开始把美国当成一个"恃强凌弱的霸主"。这些抱怨特别将矛头直接对准了美国国务卿玛德琳·奥尔布赖特(Madeleine Albright),她曾经被一位美国批评家夸张地描述为"美国历史上第一位具有以下外交专长的国务卿……用恐吓的言辞、乏味的吹嘘实力和本国的道德来教训别国的政府"。①

　　在20世纪90年代,美欧分歧在伊拉克问题上开始凸显。1997年,当奥尔布赖特以及其他政府官员提议,只要萨达姆·侯赛因在任,自海湾战争后对伊拉克实行的经济制裁就不取消时,欧洲人震惊了。他们认为,应该以典型的欧洲方式鼓励伊拉克向好的方向发展,而不是以典型的美国方式,采取经济或者军事高压手段进行恐吓。1997

---

①　该评论是前国务院顾问小查理斯·米其林(Charles Maechling Jr.)作出的,引自 Thomas W. Lippman, *Madeleine Albright and the New American Diplomacy* (Boulder, CO., 2000), p. 165。

年底,当克林顿政府试图加强对伊拉克的施压从而迫使其配合联合国武器核查人员时,法国加入俄罗斯和中国行列,一起在联合国安理会阻止了美国这一提议。至此,大西洋两岸日益加剧的分歧完全公开化。1998年12月,克林顿政府未经联合国安理会授权最终使用武力对伊拉克进行轰炸时,也只有英国对美国予以支持。在此后的数月里,克林顿政府一直认为"萨达姆统治下的伊拉克是危险的,守旧的,挑衅的和孤立的"。在萨达姆政权下,伊拉克"绝不可能被改造和回到国际社会中"。① 但是,法国以及大多数欧洲国家都不这么认为,改造萨达姆统治下的伊拉克并让其回到国际社会正是他们所追求的。

正是在20世纪90年代的那些容易引起大西洋两岸风暴的争端在小布什执政时期开始首次显

① 助理国务卿马丁·印迪克(Martin Indyk)1999年4月22日在对外交委员会上的讲话。

现。克林顿政府在部署新的导弹防御系统上迈出了第一步，其目的在于防止朝鲜这样的"无赖国家"拥有了核武器并对美国进行袭击。这个系统不仅构成了要撤销《反弹道导弹条约》的威胁，也对欧洲人长期以来信奉的并将之作为安全战略中心的"相互确保摧毁"信念形成了威胁。它同样在美国国土得到保护的同时，使欧洲人仍然处于核攻击的脆弱境地，这当然不是欧洲人所期望的。克林顿政府参与了旨在解决全球气候问题的东京气候条约谈判，却故意不将该条约提交参议院批准，因为必定会被参议院否决。同样在克林顿执政时期，时任国防部长的威廉·科恩（William Cohen）和一些五角大楼的高级军官首先提出，要求美国军人享有国际法庭的豁免权。而这一法庭正是欧洲人理想世界的典型象征，在这个世界中所有国家在法律面前一律平等。在这个问题上，克林顿总统放弃了同欧洲的多边主义共识，在某种程度上，屈服于对手共和党主导的国会的巨大压力。但是克林顿政府本身也认为那些条约并不完善,甚至,克林顿本人并不像其后来在其著作中所说的那样"倾向欧洲"。无论在哪一方面,美欧政策的分歧在克林顿时期的日益扩大都反映了一种严峻的现实:美国政府在冷战后处理国际问题时越来越走向单边主义,而欧洲却致力于建立一个更加全面的国际法律机制来限制这种单边主义。

1999 年春天的科索沃战争给了未来一个有趣的暗示。尽管在这场针对塞尔维亚总统斯洛博丹·米洛舍维奇的战争中,美欧联军获得了胜利。尽管这是自北约成立 50 年以来的第一次军事行动,却暴露了冷战后北约盟国之间的细微裂缝——这些裂缝在科索沃战争中被抹平,但是以后未必能够经受得住不同的国际环境下不同的战争所带来的压力。

这场战争反映了大西洋两岸军事力量的严重不平衡。美国空运了大多数军队,投放在塞尔维亚和科索沃的几乎所有的精确制导仪都是美国制造的,而且,美国的情报搜集能力是欧洲无法匹敌的,这意味着 99% 的打击目标是根据美国提供的情报来确定的。美国对战争的主导让欧洲在两个方面感到烦恼。一方面,这对欧洲的荣誉是相当沉重的打击。正如一位英国分析家在战争之后所评论的:即使是英国,"一直自诩为军事强国,也只不过提供了 4% 的飞机和 4% 的炸弹"。[①] 法国、德国和英国的多数德高望重的战略思想家也认为,科索沃战争只不过是"突出了欧洲军事力量的无能"。令人难堪的是,即便在近在咫尺的巴尔干地区,欧洲"部署军事力量的能力"在美国看来也是"无足轻重"的。[②]

[①] Tim Garden and John Roper, "Pooling Forces," Centre for European Reform, December 1999.

[②] Christoph Bertram, Charles Grant, and François Heisbourg, "European Defence: The Next Steps," Centre for European Reform , *CER Bulletin 14* (October/November 2000).

更麻烦的是欧洲对美国军事力量的依赖不但让美国主导性地决定如何打这场战争,更使得美国在战争期间及战争前后的国际外交努力中具有最终发言权。例如,战争开始几天后,欧洲提议暂停轰炸,给米洛舍维奇一个结束危机的机会,但遭到美国以及美国任北约总司令威斯利·K. 克拉克将军的拒绝。大部分欧洲人,特别是法国人,希望轰炸行动缓步升级,从而减少对塞尔维亚的损害,并诱使米洛舍维奇在北约摧毁一切他所珍视之物之前结束这场冲突。但克拉克不同意,他说:"美国的军事设想是,一旦我们开始使用武力,那么我们尽一切可能将之贯彻到底。"①很多欧洲人想要将轰炸的目标对准在科索沃进行"种族清洗"的塞尔维亚军队,且根据克拉克的回忆,"很多美国人相信最好以及最有效的方式就是尽可能地狠

---

① Wesley K. Clark, *Waging Modern War* (New York, 2001) , p. 449.

狠打击他和他的政权"。①

对如何打这场战争或者其他的任何战争,不管是美国人正确还是欧洲人正确,反正对于欧洲来说,最郁闷的事实就是科索沃战争是用"美国的装备",并且大部分是依照"美国的原则"来进行的。② 尽管欧洲拥有强大的经济实力以及他们在政治联盟上实现了成功,但是欧洲军事的薄弱导致了外交的薄弱,并且相对美国而言,即使是出现在欧洲的危机,也急剧地削减了其政治影响力。

美国人也不高兴,克拉克将军及其同僚抱怨为了盟国达成共识而做出的艰苦努力不但妨碍了战争的进度,也拖延了战争的胜利结束。克拉克坚持认为,在战争开始之前,"我们没有能够向米洛舍维奇发出清晰而明白的警告",主要因为很多

---

① 美国人也不想他们的飞行员在低空飞行,因为这样容易被对方打下来。Wesley K. Clark, *Waging Modern War*, p. 449。

② Garden and Roper, "Pooling Forces."

欧洲国家以没有联合国安理会的命令为由不愿意采取行动——克拉克以典型的美国人的思维方式称之为欧洲的"法律问题"。对美国人而言,这些"法律问题"是"为战争做出正确计划和准备的障碍"。① 在战争期间,克拉克和他的美国同僚一再为了必须在美国军事原则和他所谓的"欧洲方式"之间寻求妥协而感到愤怒。② 克拉克认为,"总是美国人在推动对新的,更敏感目标的升级……而一些盟国却总是对此表示怀疑并持保留意见","为了符合北约成员国的政治和法律考虑,我们不得不限制行动方式,其代价是牺牲了行动的效果"。③ 结果,欧洲人和美国人对这场战争都不满

---

① Clark, *Waging Modern War*, pp. 420 – 421. 克拉克回忆说,在 1999 年初战争爆发之前"法律权力的缺乏使得每个北约成员国最初都反对安南秘书长呼吁的授权北约发动战争"。

② Clark, *Waging Modern War*, p. 449.

③ *Clark*, *Waging Modern War*, p. 426.

意。战争结束后几个月,在一次北约国防部长会议上,一位国防部长说科索沃战争给盟国的最大教训就是"我们再也不要这样干了"。[①]

幸运的是,由于1999年联盟的稳定健康,克拉克和他在克林顿政府的上司认为,为了联盟的团结,付出代价是值得的。但是,美国之所以宁愿牺牲军事代价而保持大西洋两岸团结的主要原因在于科索沃战争发生时的特殊环境。对美国而言,保证盟国的凝聚力和活力不仅是解决科索沃战争的手段,它更是美国进行干预的主要目标之一。正如此前美国干涉波斯尼亚危机的目的也是出于挽救联盟的动机,以及在冷战期间保持盟国团结是其首要战略目标一样。

在老布什任期和克林顿第一届任期内,似乎美国在巴尔干冲突中置身事外已经对北约造成了

---

① 当克拉克进行挖苦的报告时,"没有人发笑"。Clark, *Waging Modern War*, p. 417。

损害。美国国务卿詹姆斯·贝克在谈到巴尔干战争时认为这是一场严格意义上的"欧洲人的冲突",宣称美国"在这场战争中一只狗也没有派遣过去"。他的许多同僚也同意这种观点,甚至包括时任参谋长联席会议主席的科林·鲍威尔(Colin Powell),这显然令人对冷战后美国在欧洲的作用产生了疑虑。美国是否还会对欧洲的安全和稳定承担义务?北约是否能够应对诸如种族冲突和国家瓦解等冷战后面临的新挑战?如果在美国领导下,北约甚至没有能够阻止欧洲本大陆上的侵略和种族清洗,它是否已经徒有虚名?

美国人卷入科索沃和波斯尼亚冲突并非仅仅出于狭隘的美国"国家利益"考虑,至少大部分美国人是这样理解。美国人认为他们在反对种族屠杀或者种族清洗方面有着强烈的道义,特别是在欧洲。甚至美国的现实主义理论家也坚持认为美国在巴尔干没有至关重要的"国家利益"。当克林顿政府成员或者其他支持者为美国的军事行动辩护,称其出于国家利益时,这只不过是为了维护联盟以及修复跨大西洋两岸之间的关系。这也就像美国在冷战中参加巴尔干战争只不过是为了维护"西方阵营"一样。正是这一目标决定了美国的军事战略。正如克拉克将军所说,"没有一个单纯的目标或者一系列目标比北约的团结一致更为重要"。①

用这样的方式来打科索沃或者波斯尼亚战争是可以的,但是在将来能否可行却是未知数。克拉克将军或其他美国指挥官在不同局势下会做出同样的判断吗? 如果战争的首要目标不是维护北约和欧洲的团结,他们是否还愿意牺牲军事行动效率、战争升级速度、"美国军事原则"以及在战争中使用决定性武装力量的机会? 事实上,科索沃战争已经表明,美国和其欧洲盟友一起作战是如何的困难。如果他们在打一场主要不是"人道主

---

①   Clark, *Waging Modern War*, p. 430.

义"性质的战争,如果美国的国家利益遭到直接威胁,如果美国在其本土遭到致命威胁并担心更多的攻击将接踵而至——在这些情况下,美国还会容忍北约那种笨拙的相互制约的决策程序和战争进程方式吗?他们是会再次配合"欧洲作战方式"还是会采取"单独行动"呢?这些问题的答案在"9·11"事件之后就已经一清二楚了。这场事件导致纽约近3000人丧生,而本·拉登在阿富汗逍遥快活,这种情况下,美国军方和小布什政府都对同北约合作毫无兴趣。这对跨大西洋两岸的关系来说可能是不幸的,但却丝毫不令人惊讶。

事实上在20世纪90年代末,权力的不平衡已经慢慢使得大西洋两岸的关系产生了破裂。美国人对欧洲盟友增加的束缚厌烦并失去了耐心,认为欧洲人在战争中出力很少,但是他们对"法律问题"的考虑却阻碍了战争的有效实施。欧洲人对美国人的主导地位以及他们自己对美国的依赖感到不快。对美国人而言,包括克林顿政府的高级官员在内,科索沃战争的教训就是,当力量较弱的盟国犹豫不决时,如果没有足够的美国单边主义元素,即如果美国不愿意使用其压制一切的力量以在战争和外交上起主导作用时,即便他们有着最良好的意愿,多边行动也无法取得成功。克林顿政府执政之初曾鼓吹"坚持多边主义",最终以鼓吹美国是"不可或缺的国家"而收尾。

对很多欧洲人来说,科索沃战争的教训就是欧洲需要采取措施来使自己从对美国的依赖中部分地解脱出来。这种依赖,在冷战之后看来似乎已经不再必要。相反,这要求欧洲创建某种独立的军事能力。1998年年底,这种判断促使美国最重要的盟友托尼·布莱尔越过英吉利海峡来到法国,史无前例地表示英国支持建立一支独立于北约之外的欧洲共同防务力量。当时,关于建立欧洲防务力量的谈判正处于停滞状态。布莱尔和希拉克赢得了欧洲广泛的支持,即建立一支6万人的欧洲军队,这支军队的部署范围可以远离欧洲,并有能力驻扎长达一年之久。

　　如果这一次盎格鲁—法兰西的倡议得到落实,那么基于欧洲拥有的较为强大的军事力量和对美国实力依赖程度的减少,美国和欧洲如今可能正处于建立新型关系的过程中。并且这个倡议是所有为实现加强欧洲军事实力以及战略性自力更生能力而提出的建议当中最为突出的。2001 年12 月,比利时外长建议欧盟的军队应该简化到"宣称自身可以采取行动,但其行动并不基于任何实际能力"。① 实际上,至今为止建立一支欧洲防务力量的努力对欧洲人来说仍然显得十分尴尬。比起三年前,欧洲如今并没有向建立一支独立部队,哪怕一支小型部队,做出更进一步的努力。而英国提议的失败使很多欧洲人和美国的"跨大西洋

①　John Vinocur, "On Both War and Peace, the EU Stands Divided," *International Herald Tribune*, December 17, 2001.

分子"不愿被问及,更不愿回答以下这些问题:为什么欧洲还没有实施欧盟在外交和防务政策上的承诺,以及为什么没有推动一些重要领导人所倡导的建设一支足以抗衡美国的军队,或者哪怕只是稍微脱离美国的控制呢?

5. 后现代天堂

答案在意识形态领域,不仅在于欧洲对防务开支的态度,还在于他们看待权力本身的态度。权力差距的重要性在美国和欧洲各自的战略文化形成过程中已经显示出来了。如果军事能力的差距是唯一的问题所在,那么解决方法就非常直接和简单了。欧洲拥有近4亿受过良好教育并且具有生产力的人口以及9万亿美元的经济实力,如果它愿意成为世界军事强国的话,如今欧洲的财富和技术能力已经可以使得其在军事领域获得更多的世界权力。如果他们认为必要,他们可以轻易拿出两倍于现在的防务费用。[①] 并且,缩小欧美的权力差距也许会有助于减少他们在战略观点上的分歧。

目前在美国战略家圈子当中有一种讽刺性观点,这种观点认为欧洲人在美国的保护伞下已经度过了 60 年,现在他们很享受这种"搭便车"。如果美国人愿意付出这么大的代价来保护他们,那么欧洲人更愿意将他们自己的钱用在社会福利,享受长假或者缩短工作时间方面。如此一来,大西洋两岸的分歧不仅仅在于军事实力的差距,还涉及其他方面。当欧洲人乐于搭乘全球安全的便车时,相比享用目前美国提供的安全保障,他们将

---

① 欧洲人坚持认为在他们的国家预算中有一种结构性的现实,就是限制任何增长过快的军费开支。但是如果欧洲遭到侵略,欧洲的政治家们还会坚持国防预算不能增加是因为这将影响欧洲的经济增长和违反稳定条约吗?如果德国人真的感受到了威胁,他们还会坚持他们的社会福利不能触动吗?

更不愿意建立自己的军事力量。毕竟,美国在 19
世纪曾得益于英国海军对大西洋和加勒比海的控
制。但是这并没有妨碍美国在那个时期的 80 年
代和 90 年代致力于和平时期的海军建设,这种建
设使得他们有能力发动并赢得了美西战争的胜
利,获取了菲律宾群岛,并成为了世界强国。19 世
纪末,美国也没有安于他们的安全现状,他们雄心
勃勃地争取更多的权力。

　　如今,欧洲人已经失去了争夺权力的雄心,更
别提争夺军事权力了。在过去的半个世纪,欧洲
人在国际关系权力上已经形成了一套截然不同的
观点,这种观点直接源于他们在第二次世界大战
以后经历的与众不同的历史。他们反对强权政
治,因为强权政治在 20 世纪及更早之前曾给他们
带来了巨大的痛苦。这种对待权力的观点对美国
来说是不会认同也无法认同的,因为大西洋彼岸
的他们没有经历与欧洲人同样的历史。

　　重新思考一下组成欧洲战略文化的特性:强

调谈判、外交斡旋和商业手段,以及强调国际法甚于动用武力,强调多边主义甚于单边主义。确实,如果从历史的角度来看的话,这些并非传统欧洲在国际关系中所使用的方法,但它们是近代欧洲历史的产物。现代欧洲战略文化代表了欧洲对过去历史的有意识的批判,对邪恶的欧洲强权政治的摈弃。这反映了欧洲不愿意回到过去,这种愿望是强烈的,可以理解的。没有人比欧洲人更懂得危险来自放任的强权政治,来自对军事力量的过度依赖,来自国家利己主义和野心驱使下的政策,甚至于来自国家利益和权力的平衡。德国外长约施卡·费舍尔(Joschka Fischer)曾在他的一次讲话中强调了他对欧洲未来的看法:"1945 年以后欧洲的核心概念就是一直反对 1648 年威斯特伐利亚和约以后形成的均势原则和单个国家霸权野心。"①欧盟本身正是长达一个世纪的战争的产物。

_____

① 费舍尔 2000 年 5 月 12 日在柏林洪堡大学的讲话。

当然,欧洲一体化的目的就在于遏制单个国家的"霸权野心"。以历史的眼光来看,欧洲一体化和德国的驯化是国际政治史上最伟大的成就。就像费舍尔一样,一些欧洲人常常回忆美国在解决"德国问题"上所起的核心作用。很少人愿意回忆纳粹德国军事力量的摧毁是欧洲后来和平局面的先决条件。相反,大多数欧洲人宁愿相信正是欧洲思想和精神的转变才使得"新秩序"的出现成为可能。欧洲人发明了强权政治,现在却转变为重新相信基于良好意愿的理想主义,抛弃了费舍尔所说的"旧的平衡制度,这些制度规定了国家持续发展方向,对联合加以限制,宣扬传统的利益导向政治给国家主义意识形态和对抗带来了持久的威胁"。

费舍尔的立场接近于欧洲理想主义一派,但是这并不是欧洲真正左派和右派的争端。费舍尔的主要观点——欧洲人抛弃了强权政治的旧制度,发明了维护国际关系和平的新制度——得到了欧洲人的普遍支持。正如在欧盟任职的英国高级外交官员罗伯特·库珀所认为的,如今欧洲生活在一种"后现代体制"里,这种体制不是建立在均势的基础上,而是建立在"反对武力"和"自我行为约束"上。库珀写道,在"后现代世界里",在国际事务中"国家利益至上和马基雅维利的非道德治国理论已经被道德良心所替代"。①

美国的现实主义者可能会嘲笑这种理想主义。汉斯·摩根索(Hans Morgenthau)和乔治·凯南(George Kennan)认为,只有天真的美国人才会认同这种威尔逊式的法理主义和道德说教,那些曾经历战争并受马基雅维利思想影响的欧洲人才不会相信这些。不过,确实,为何欧洲人对国际事务就不应该抱有理想主义态度呢? 他们至少已经在欧洲实施着"后现代体制"。在欧洲,古老的国家关系准则已经被抛弃了。欧洲人正在寻求新的

---

① Robert Cooper, *The Observer*, April 7, 2002.

秩序,从旧法则甚至是强权政治的思想影响中脱离出来的新秩序。欧洲人正走出霍布斯无政府状态世界而进入一个康德的永久和平世界。

事实上,是美国帮助欧洲人解决了康德悖论。康德曾经认为对付邪恶恐怖的霍布斯世界的唯一办法就是建立一个世界政府。但是他又担心世界政府治下的"普遍和平状态"可能比霍布斯国际秩序对人类自由造成的威胁更为巨大,因为掌握垄断权力的世界政府会变成"最可怕的专制政府"。①国家如何才能在不伤害人类自由的前提下获得永久的和平? 这是一个连康德也无法解决的问题。但对欧洲来说,这个问题被美国解决了。通过提供外部安全保障,美国使得欧洲的超国家政府不必为此担忧。欧洲人不需要权力来实现和平,也

---

① 参见 Thomas L. Pangle and Peter J. Ahrensdorf, *Justice Among Nations*: *On the Moral Basis of Power and Peace* (Lawrence, KS, 1999), pp. 200 – 201。

不需要权力来维护和平。

　　在二战结束后的 50 多年里,欧洲人的生活没有受到强权政治野蛮法则的影响,却越来越多地受到了地缘政治的影响。后者是具有世界历史意义的奇迹:德国雄狮被法国羔羊所驯服。自从德国在 19 世纪变得残暴,冲突已经使得欧洲饱受蹂躏,这种状态目前终于平息。欧洲人认为创造如此奇迹的手段必定有令人惊奇的神奇力量,尤其是冷战结束之后,欧洲人更坚定了这一想法。外交、谈判、耐心、外贸经济纽带,以及政治接触、诱导、妥协而非制裁、对抗,采取逐步措施而非一蹴而就——正是这些手段使得法兰西和德国尽释前嫌,也正是这些手段推进了欧洲一体化进程。特别是法国,甘冒未知之险,率先提出同宿敌德国首先解决经济上的问题,然后解决政治主张问题这样的建议,以此作为防止未来冲突的最好手段。德国则是以为了欧洲一体化的利益而放弃自己的巨大权力作为回报。

欧洲的一体化并不是建立在均势威慑或者权力均势基础上。相反,这种奇迹的出现是因为对军事力量以及在国际事务中使用军事力量的拒绝——至少在欧洲范围内。冷战期间,欧洲人并不怀疑使用军事力量对苏联进行制约的必要性。但是在冷战后,来自苏联的外部威胁解除,这使得欧洲人可以开始建立新的秩序,以实现它的新理想,并将之扩展为一项建立世界秩序的宏伟计划。欧洲对内对外都没有使用军事威慑的需要,欧洲人对于他们解决国际问题的手段能够普遍适用更加充满了信心。因比,他们认为一些机构的相关性和重要性降低了,例如北约。

欧盟委员会主席罗马诺·普罗迪（Romano Prodi）解释说,"（欧盟）创立之父们的天才在于把至高的政治野心化解为一系列更为具体的、技术性的决策。这种间接的方法使得进一步的行动成为可能。融洽的关系慢慢地就产生了。这样,我们就从对抗走向经济领域的合作,然后实现一体化"。① 这就是许多欧洲人认为他们应该贡献给世界的:不是权力,而是超越权力。埃弗茨写道,欧盟的"本质"就是"由法治来处理国家之间的关系",而且,欧洲多边治理的成功经验使其产生了改造世界的雄心。② 欧洲在世界"治理"上发挥了作用。

普罗迪说道,这种作用是建立在将欧洲经验复制和推广之上的。在欧洲,"法治取代了权力的原始作用……强权政治已经失去了影响"。并且,通过"实现成功的一体化,我们向世界证明了有可能创造一种实现和平的方法"。

无疑会有一些英国人、德国人、法国人以及其他欧洲国家的人不能认同这种华丽的理想主义。但是许多欧洲人,包括很多握有实权的人,

---

① 罗马诺·普罗迪2001年5月29日在巴黎政治学院的讲话。
② Everts, "Unilateral America, Lightweight Europe?" p. 10.

都很自然地想把欧洲的经验推广到世界其他地方，有时候甚至怀着传道士般的热情。普通欧洲人对美国进行"无赖国家"划分的批判就是耄于他们的这种特殊理念。伊拉克、朝鲜、伊朗以及利比亚等，这些国家也许是危险的，令人厌恶的，甚至就是——如果简单地用美国人所坚持的观点——"邪恶国家"，但是德国曾经也是邪恶国家。对待这些国家，难道不能像在欧洲那样，使用"间接方法"？难道不可以再次从对抗走向和解，从经济领域开始合作然后走向和平的一体化吗？难道在欧洲成功的办法就不能运用在伊朗问题上吗？可能如果对伊拉克运用的话现在已经取得了成功呢？很多欧洲人坚持认为使用这种方法同战争比起来，至少代价和成本都比较低。欧洲也想把他们的经验教训推荐给以色列人和巴勒斯坦人，毕竟，就像欧盟委员会克里斯·派汀（Chris Patten）所说的那样，"欧洲一体化表明在世代延续的偏见、战争和痛苦之后，实现妥协与和解是可能的"。① 将欧洲的奇迹推广到世界其他地方已经成为欧洲新的文明使命。正如美国人一直认为他们发现了人类幸福的秘密，并希望将之输出到世界其他地方一样，欧洲人在他们实现永久和平之后，也由此找到了一项新使命。

由此，我们找到了欧美之间观点差异的最重要原因。美国的权力及其行使权力的意愿——如果必要，单方面行使这种力量——对欧洲的新的使命感构成了威胁。美国的决策者很难相信这一点，但是欧洲的首脑和政治家们担心美国处理或者说是错误处理伊拉克问题会带来怎样的后果——未经授权而单方面使用武力，这远远甚于他们对伊拉克本身及萨达姆大规模杀伤性武器的忧虑。当他们确实担心这种行动会加剧中东局势

---

① Chris Patten, "From Europe with Support," *Yediot Ahronot*, October 28, 2002.

动荡和造成不必要的人员伤亡时,他们的关注就更加密切了。[①] 美国的这种行动,即使成功了,也是对"后现代"欧洲的本质的冒犯。这也是对欧洲新理想的冒犯,对欧洲方式普遍适用性的否定,这同18～19世纪欧洲君主制对美国共和制理想的亵渎非常相似。美国人应该首先明白对人的信仰的威胁就像对其肢体的威胁一样,令人恐惧。

就像美国人两个世纪以来所拥有的一样,欧洲人以他们自己对全球理解的超人一等的自信心高谈阔论,其中还伴随着吹嘘他们为其他国家提供冲突解决方案的智慧,以及他们解决国际问题的方式。但是,在这种美国式的共和成立的第一

---

① 一般美国人的观点是,欧洲对伊拉克和伊朗的政策时受经济利益驱使的,这并不完全正确。难道欧洲人比美国人贪婪? 难道美国的公司没有影响其在亚洲、拉丁美洲和中东的政策? 不同之处在于美国的战略判断有时候与经济利益冲突,并且超越对经济利益的考虑。本文的论点就是对欧洲人来说,冲突不像美国那么普遍存在。

个十年里,在欧洲声称成功的时候就有了不安全感的迹象,这种迹象表明他们的成功需要其他国家,特别是美国的肯定,并且他们的观点也需要得到这些国家的接受。毕竟,对欧洲新理想主义适用性的否定会引发对欧洲一体化进程正确性的高度怀疑。如果国际问题不能用欧洲方式来解决,那么这不是暗示欧洲人自己的问题最终也没有解决的办法吗?这种暗示不是很可怕吗?这就是欧洲人为何如此坚持国际刑事法庭普遍适用性原则的原因之一。美国要求获得国际刑事法庭的豁免权,要求国际法庭对大国实行双重标准,这将动摇欧洲人试图建立的原则——也就是所有的国家,无论大小强弱,在法律面前一律平等,所有国家必须遵守法律。如果这个原则得不到尊重,甚至是超级大国的尊重,对于依赖共同遵守欧洲法律而存在的欧盟来说,将会发生什么?如果国际法不是至高无上的,那么欧洲不是注定要回到从前?

当然,这种对倒退的过分担忧仍然笼罩在欧

洲人头上,即使现在欧洲仍然在向前迈进。欧洲人,特别是法国人和德国人,并不能完全确保曾经著名的"德国问题"得到彻底解决。无论是密特朗时期的法国人还是撒切尔时期的英国人都不乐于见到冷战后德国统一的前景,他们都必须在美国的一再劝说和担保下才罢休。正如40年前英国和法国的首脑被说服接受德国重新融入欧洲一样,他们对欧洲未来的宪法所提的各种各样不同的建议表明,法国人仍然不能确定他们信任德国人,而德国人也不能确保他们自己能够相信自己。在第二次世界大战结束后的近60年后,一位法国官员仍然能够说出这样的话来:"人们常说,'现在最可怕的就是德国人不工作了',而我说,'真的吗?如果德国人动起来,6个月以后,它就攻到爱丽舍宫了'。"①这个笑话蕴藏的意味并不深,其中

---

① 参见 Gerard Baker, "Europe's Three Ways of Dealing with Iraq," *Financial Times*, October 17, 2002, p. 17。

蕴含着一种真正挥之不去的担忧,那就是德国对于欧洲大陆来说还是太巨大了。2002 年夏天,当德国总理施罗德公然反对小布什政府提出的号召欧洲支持美国对伊政策时,他这种坚持以"德国方式"解决问题的做法使德国的欧洲邻国比美国更加不安。具有讽刺意味的是,当德国的领导者说到"德国方式"时,即便是他们的和平主义和中立主义也会吓到欧洲人。

这些恐惧有时候会阻碍欧洲更深入地推动一体化进程,但是同时它们又会促使欧洲突破重重困难来实现一体化。欧洲一体化能够继续推进的部分原因来自德国人对自我的担忧。费舍尔警告说,欧洲一体化必须成功,否则还有其他更好的方式能够克服"德国人固有的冒险精神和中心地位"吗?[①] 历史上,德国人的这种"乐于冒险"在很多欧洲人心里刻下了烙印。每次欧洲在考虑动用武力

---

① 费舍尔 2000 年 5 月 12 日在柏林洪堡大学的讲话。

时,或者被美国强迫使用武力时,他们都不可避免地考虑这样的军事行动对那个看起来永远不会消失的"德国问题"产生什么样的影响。

可能这并不只是一种巧合,即欧洲一体化在近年来取得了惊人的进展,随之而来的却并非是欧洲超级权力的出现,而是其相对于美国军事力量的减弱。欧盟的初衷之一本是将欧洲转变为全球超级力量,有能力同美国抗衡——他们设想制定独立的欧洲外交和防务政策,并将之作为欧洲一体化最重要的副产品之一。但是,事实上,欧洲的这种"权力"野心是否不合时宜?这种反复现象与后现代欧洲的理想主义是不一致的,因为后现代欧洲拒绝的正是强权政治。不管一体化的初创者们的意图如何,欧洲一体化已经被证明是欧洲军事力量的敌人,而且也确实是在全球发挥欧洲作用的敌人。

这种现象不仅在国防预算开支的持平或者下降中得到了证明,也在其他方面得到了证明,甚至在"软"实力领域也一样。欧洲的领导者谈到欧洲在世界上发挥着至关重要的作用,普罗迪曾说:"要让世界听到我们的声音,就要让我们的行动得到落实。"①确实欧洲在对外援助上花费了巨额资金——他们喜欢说,他们的人均资金投入超过了美国。欧洲人致力于海外军事任务,只要任务是限于维和行动一类的。但是当欧洲不时地插手中东或朝鲜半岛的国际事务时,欧洲的外交政策就可能成为欧洲一体化产物中最黯然失色的了。一位深有同感的观察家指出,没有一位欧洲领导人"对此投入很多时间和精力"。② 欧洲外交政策的主动性缺乏生命力,很少能够得到欧洲各国的支持。这是其政策很容易被否定的原因之一。尽管欧洲投入了很多资金支持巴勒斯坦和其他阿拉伯

① 罗马诺·普罗迪2001 年5 月29 日在巴黎政治学院的讲话。

② Charles Grant,"A European View of ESDP," working paper,Centre for European Policy Studies,April 2001.

计划,但阿拉伯和以色列仍然是向美国寻求支持、帮助以及安全解决方案,而不是求助于欧洲。在中东地区或者其他任何地方只要涉及武力的危机中,欧洲所有的经济大国看上去都难以将经济优势转化为外交影响力。①

很明显,大多数时候,欧洲人对欧洲以外的问题不像对纯粹是自己的问题那样感兴趣。让美国人很吃惊和困惑的是在所有政治和战略上的讨论。令美国自由派至今回忆起来都极其失望的是,在小布什政府退出《反弹道导弹条约》时,欧洲没有进行有效的抗议。并且,大多数欧洲人,不管是精英阶层还是普通老百姓,在小布什政府威胁入侵伊拉克之前也都没有对伊拉克给予更多的关注。

---

① 正如查尔斯·格兰特(Charles Grant)所观察的,欧盟如果在军事上不那么无能的话,可能会有更大的外交影响力。Grant,"European Defence,"p. 2。

欧洲的这种趋势，从内部来看是可以理解的，这要考虑到欧洲在一体化进程中所面临的巨大的困难。欧盟成员国扩大到超过二十四个、对共同经济和农业政策进行修订、国家主权和超国家管理之间的冲突问题、所谓的民主缺陷、大国倾轧、小国不满、欧洲新宪法的建立等，所有这些都是欧盟目前面临的严重的不可避免的挑战。从目前欧洲一体化取得的进展来看，这些进程中的困难是无法克服的。

美国政策从本质上来说是不受欢迎的。尤其是美国的导弹防御系统和退出《反弹道导弹条约》、针对伊拉克开战、支持以色列等。这些政策都不受欢迎，因为对于欧洲来说，它们使得欧洲从真正要关心的问题当中分心，换句话说，就是欧洲自身的问题。欧洲人经常指责美国人偏执、狭隘，但是他们自己也应该深刻反省。正如多米尼克·莫伊西（Dominique Moisi）指出的，2002 年法国的总统竞选看上去"同'9·11'事件及其造成的难以达到的影响相比没有任何参考性"，没有人会问：
"法国和欧洲在'9·11'事件之后组成的多国部队
中应该扮演什么样的角色？法国应该如何重新评
估它的军事预算和军事原则，以适应维持欧美之
间平衡的需要，或者，至少英法之间平衡地位的需
要？"中东冲突成为大选中的一个事端，这是因为
法国有大量的阿拉伯裔选民和穆斯林选民，让 -
玛丽·勒庞（Jean-Marie Le Pen）获得的大量选票
就证明了这一点。但是勒庞在外交政策上并不是
一个强硬派。正如莫伊西所说的，"对大多数法国
选民来说……安全和抽象而遥远的地缘政治一点
关系没有，相反，安全是哪个政治家可以更好地保
护他们免受街头和城郊暴力犯罪危害的问题"。①

　　欧洲能够改变发展道路而在世界舞台上发挥
更大的作用吗？欧洲的领导者们不是没有人缺乏
这种野心。欧盟今天外交政策的软弱也并不足以

---

① 　Dominique Moisi, *Financial Times*, March 11, 2002.

证明明天它仍然如此软弱,这要考虑欧洲能够对其他方面的弱点进行克服。但是,欧洲至今没有要求更多权力的政治愿望,其中一个重要原因正是欧洲没有为自己找到一个需要权力的使命。如果说有一个超出欧洲定义的使命的话,那就是反对强权。这个观点常常在欧洲人讨论军事力量的时候被提出来。欧洲加强军事力量并不是为了扩大战略范围或者全球影响力,而是仅仅用来约束美国或者让美国"多边化"。倾向美国的英国学者蒂莫西·加顿·阿什(Timothy Garton Ash)写道:"从任何国家甚至包括其自身的利益来看,美国的权力都过大。"①因此欧洲必须积攒权力,没有其他原因,只是为了把世界和美国从目前不均衡的危险境地拯救出来。

　　不管这个特别的使命有没有价值,它似乎都

---

① Timothy Garton Ash, *The New York Times*, April 9, 2002.

不能激发欧洲的激情。目前只有法国人和英国人对此挑战有一点儿回应。但是法国人对国防开支增加的提案被证明就像它的核威慑力量一样,只是象征意义的,无法实现。法国前外长休伯特·韦德里纳曾经指责美国的超级力量,不过,现在,他已经停止谈论同美国抗衡了。相反,他无可奈何地宣称,"欧洲没有理由去和一个能够同时打四场战争的国家竞争"。① 20 世纪 90 年代,欧洲每年的集体防务开支从 1500 亿美元增加到 1800 亿美元,而那时美国的开支是每年 2800 亿美元。但是,现在(指 2003 年——译者注)美国的开支已经达到了 4000 亿美元,明年或许还会更多,而欧洲没有丝毫要追赶的意思。在信奉"戴高乐主义"的希拉克总统的推动下,法国可能增加 6% 的国防预算。英国在布莱尔首相的指引下,打算小规模地

---

① 引自 David Ignatius,"France's Constructive Critic," *The Washington Post*, February 22, 2002。

恢复旧日大英帝国的传统,也许会略微加强它的军队,使之现代化。不过,如果没有德国,"欧洲"还算是欧洲吗?目前德国的国防预算占国民生产总值的比例仅与卢森堡相当,而且,因劳动和社会福利制度僵化导致经济不景气,其明年的预算还会缩减。欧洲的分析家们也需要哀叹"欧洲大陆的战略无关紧要了"。北约外长乔治·罗伯逊(George Robertson)尽量体面地将欧洲称为"军事矮人",借以刺激欧洲增加防务预算,哪怕比现在稍微多点儿。可是,谁会傻乎乎地相信欧洲人会从根本上改变他们做事的方式呢?他们有很多理由不这么做。

6. 美国缔造的世界

如果美国对目前事务的状况不满意,他们应该回想一下今天的欧洲——不管是一体化的欧洲还是软弱的欧洲——正是过去九十年里美国外交政策的产物。在第一次世界大战之后,美国抛弃了欧洲,任凭这个大陆陷入另一场可怕的战争。甚至在第二次世界大战结束后,美国还是坚持不介入的初衷。富兰克林·罗斯福最初的战时观点就是让欧洲在战略上无关紧要。① 20 世纪 30 年代

① 历史学家约翰·兰伯顿·哈珀(John Lamberton Harper)指出,富兰克林·罗斯福的目的是"大大削弱欧洲的分量",从而促"欧洲可能退出世界政治"。Harper, *American Visions of Europe: Franklin D. Roosevelt, George F. Kennan, and Dean G. Acheson* (Cambridge, UK, 1996), pp. 79, 3.

后期,当时还处于战争期间,美国人就普遍认为"欧洲制度是腐朽的,战争是这块大陆上的病态表现,欧洲人应该为这种困境自责"。① 欧洲似乎一文不值,只是使美国付出高昂代价的世界战争孵化器。

在第二次世界大战期间,以罗斯福为代表的美国人总是喜欢回顾过去而不是展望未来。他们认为让欧洲从全球战略框架中消失是最有益的事情。实际上,罗斯福更愿意与斯大林统治下的俄罗斯打交道。罗斯福曾经针对性地指出:"德国解除武装后,法国还需要庞大的武装干什么?"戴高乐认为这样的问题让他感到不安,也"让欧洲和法国感到不安"。罗斯福时代的美国人对欧洲人有着传统的偏见,即欧洲是腐朽的、颓废的,现在的

---

① William L. Langer and S. Everett Gleason, *The Challenge to Isolation*, *1937 – 1940* (New York, 1952), p. 14.

美国人又多了一种对欧洲的软弱性和依赖性的蔑视。如果说二战削弱了欧洲大国的军事力量和经济力量,使它们从全球范围内开始收缩,那么很多美国人仅仅会幸灾乐祸地加剧这种进程。正如罗斯福曾经说过的,"我们赢得这场战争之后,我会尽我所能不让美国接受法国扩大野心的计划,也不会支持大英帝国的野心"。[1]

当冷战接近尾声的时候,像美国国务卿迪安·艾奇逊这样的美国人希望在欧洲建立一个强大的伙伴同苏联抗衡,而且,大多数经历了冷战的美国人也都认为欧洲是自由世界对付专制苏联的要塞。但是,针对欧洲的猜忌和敌意一直游离在美国外交政策的边缘,即便在冷战时期也如此。1956 年,当艾森豪威尔总统在苏伊士贬低和羞辱

---

[1] 引自 Selig Adler, *The Isolationist Impulse*: *Its Twentieth-Century Reaction*(New York, 1957), p. 142; Kissinger, *Diplomacy*, p. 396。

了英国和法国的时候,这是美国人在削弱业已衰弱的欧洲及其全球影响力方面所做的最值得炫耀的事情。

然而,苏联的崛起在很大程度上促使美国人重新衡量他们与欧洲安全的关系,以及他们与欧洲人之间的关系。最终,美国对欧洲目前世界地位的最重要的贡献并非出于反欧洲的意愿,而实质上是受支持欧洲的想法的驱动。正是对欧洲的责任而非敌意导致美国在战后迅速驻兵欧洲,并创立北约。作为安全保障,美国在欧洲的驻兵事实上是欧洲能够开始一体化的关键。正因为如此,"西方"的内在才能在物质和精神上同时变得强大起来,能够应付冷战中由于同苏联对峙而产生的严峻挑战。

欧洲发展到现在的状态是在美国的安全保障下进行的,如果没有美国的安全保障,就不可能成为现在这样。过去的半个世纪,美国不仅提供了对付来自苏联威胁这样的外部挑战的安全保障,也提供了对付来自像巴尔干冲突这样的内部威胁的安全保障。更重要的是,美国是解决"德国问题"的关键,现在可能仍然如此。德国外长费舍尔在洪堡大学讲话时指出,有两个"历史性的决定"塑造了新欧洲:"美国决定在欧洲驻兵"以及"法国和德国承诺在一体化的框架下,开始经济合作"。但是,如果没有前者,后者根本不可能发生。法国愿意冒险与德国实行一体化——说实话,法国心中也没有底——是基于美国保证参与欧洲事务,借以抑制德国军国主义的复活。战后德国也不能不意识到他们自己在欧洲的未来是依赖于美国坐镇欧洲。

而现在的形势充满了讽刺意味。欧洲反对强权政治,贬低军事力量,认为二者不能作为处理国际关系的工具,但他们在欧洲的土地上却不得不依赖于美国军事力量的存在。欧洲的新康德秩序之所以日臻完善仅仅是因为依照霍布斯旧秩序行事的美国为其提供了保护伞。美国的权力使得欧洲人可以相信权力不再重要。最为可笑的是,美国的权力解决了欧洲的问题,特别是"德国问题",使得今天的欧洲,特别是德国相信美国的军事力量及其得以产生和保持的"战略文化"过时了,而且是危险的。

大部分欧洲人没有正视或者不愿意正视一个巨大的悖论:欧洲进入后历史时期是依赖于美国没有走这条道路。欧洲既没有意愿也没有能力保卫它的天堂,使之免于从精神上和物质上遭受一个没有接受"道德良心"规则的世界的蹂躏,它依赖美国利用军事实力去威慑或者击败世界上那些信奉强权政治的国家。

一小部分欧洲人是明白这个问题的。毫不奇怪的是,英国人最理解这一点。罗伯特·库珀曾经写道必须面对一个残酷事实,那就是"在后现代世界里(例如当今的欧洲),传统意义上的安全威胁已不存在",虽然如此,世界上的其他地方——库珀所谓的"现代或者前现代地区"——威胁处处可见。如果后现代世界不自我保护,它就会被毁掉。那么,欧洲怎么能在保卫自己的同时,又不抛弃用来巩固其和平体系的理想和原则呢?

库珀认为,"后现代世界面临的挑战是应该习惯适用双重标准"。在欧洲内部,欧洲人可能"按照基本法律和开放的安全合作行事",但是对外,"我们需要使用之前的粗暴手段——武力、先发制人、欺诈,无论何种手段,只要必要就可适用"。这就是库珀认为的保卫社会的原则:"对于我们自己,我们遵守自己的法律;当我们身处丛林行动的时候,我们就要运用丛林的法律。"库珀将他的观点推向欧洲,并且号召欧洲"无论在实践中还是心理上",都不要再忽视防务问题。①

库珀是托尼·布莱尔的亲密顾问,很明显布莱尔比他的很多工党追随者更赞成这种对待实力的国际双重标准。布莱尔试图领导英国进入建立

---

① Cooper, *The Observer*, April 7, 2002.

在康德世界法则基础之上的欧盟。但是在伊拉克问题上，他又与小布什紧密地站在一起。这表明，他又试图领导欧洲退回到霍布斯世界，因为在这个世界里，军事力量仍然是国际关系中的关键因素。

但是布莱尔带领欧洲的意图失败了。施罗德让德国采取了"德国方式"，法国在更加保守的戴高乐主义者希拉克的领导下，已经成为最坚决的反美国家，他更热衷于遏制美国的权力，而不是扩充法国的权力。

有人怀疑，库珀所描述的不是欧洲的未来而是美国的现状，因为只有美国在这两种世界中举步维艰。一方面，它想遵守、维护和推进先进文明社会的法制；另一方面，它又使用武力来对付拒绝遵守这些法律的国家。美国正在按照库珀的双重标准行事，并且也正是基于他所解释的理由。美国的领导者也认为全球安全和自由秩序——包括欧洲的"后现代天堂"——如果没有在一个欧洲以外仍然昌盛的霍布斯世界里使用武力,将不复存在。

这意味着尽管美国在将欧洲带入康德式天堂发挥了关键作用,同时在促使这种天堂的出现成为可能方面也发挥了重要作用,但是美国自身无法进入这个天堂。这意味着他们修建了保护天堂的墙,但是却进不了门。美国拥有强大的权力,却在历史上停滞不前,它被留下来对付萨达姆和什叶派领袖等,而把大多数好处给了别人。

7. 西方还是那个"西方"吗？

如果这种国际安排继续导致美国在国际事务中倾向于单边主义的话，任何一个客观的观察家都不会对此感到惊讶。维持欧洲后现代秩序的结果是，美国自然地要寻求一种行动的自由，来对付它自己认定的战略威胁。这当然也是美欧关系中最重要的问题。当欧洲摆脱了冷战的恐惧和制约，开始在后现代乐园里安居并改变了他们对国际法和国际体制的观念时，美国却走向了相反的方向，抛弃了冷战时期以团结欧洲为中心的政策，退回到传统的美国孤立主义政策，退回到独一无二的美国国家主义。

冷战的结束对大西洋两岸的关系产生的巨大影响远比一般意义上理解的更为深刻，因为苏联这个共同的敌人和对共同防务的需求在1989年以后并没有消失。所以，大西洋两岸追求的大战略仍然是保持和加强所谓的"西方"的团结一致。这不仅意味着美国和欧洲必须共同对付来自苏联的挑战，而且，这种持续的团结和西方自由秩序的成功正是多年来冷战胜利的明证。

　　出于这部分原因，美国战略在冷战期间常常伴随着对盟友提供更多帮助，而并没有期望从他们那儿得到更多回报。在很大程度上，美国政府衡量外交政策的成功与否并不根据是否保护其狭小的国家利益，而是更多地根据盟友如何应对面临的内部和外部挑战来判断。因此，正是美国的经济战略使强大的经济对手在欧洲和亚洲从二战的废墟上崛起，而在很多美国人看来，在冷战的最后几十年里，相对于其日渐繁荣的盟友，美国反而走向了衰落。为了阻止欧洲和亚洲盟友可能受到的核攻击或者常规攻击，美国的军事战略使其未曾遭受过威胁的国土承受着被核武器攻击的危险。过去欧洲各国之间没有类似的可靠的安全保障，如20世纪20年代和30年代的英国和法国之间。而位于两大洋之间相对安全地带的美国，将自己的生存同其他国家联系在一起，这确实非同寻常。

美国在战略和经济上的"慷慨大方"——如果可以这样说的话——是与其利益紧密连在一起的。就像艾奇逊所说的那样，"美国采取行动支持那些面临苏联进攻或者共产主义颠覆威胁的国家……也是保卫美国自己的安全，保卫自由本身"。① 这种将自己的利益与他国的利益相互混合的做法是第二次世界大战以后美国外交和防务政策的突出特点。从慕尼黑会议以后以及珍珠港事件以后，甚至在冷战开始以后，美国就一直深信他

① 引自 Kissinger, *Diplomacy*, p. 452。

们自己的安乐与别国的安乐紧密相连,美国的繁荣与世界的繁荣难以分割,美国的国家安全与广泛的国际安全息息相关。这是一种利己主义思想,一种文明的利己主义,这种利己主义有时候几乎近似于理想主义——但这种利己主义又不会完全与理想主义混淆。

几乎但并不是全部,理想主义从来不是美国慷慨大方或者同盟国合作的唯一源泉。美国在冷战中采取的多边主义比理想主义更加实用。毕竟,在1945年"单独行动"意味着单独同苏联对抗、意味着撇开西方。令人实在无法想象的是,当苏联的军队聚集在欧洲腹地时,即便考虑西欧的利益而不采取单边行动,美国的任何外交政策也都不会取得成功。另一方面,真正理想的多边主义已经随着威尔逊和国际联盟公约一起被美国人抛弃了。作为战后国际关系主要设计者之一的艾奇逊认为,《联合国宪章》"不是切实可行的",联合国本身是威尔逊对"人类的完美,永久的和平和法治"错误信念导向的产物。① 他和大多数参与了冷战后期秩序创立的人们一样都是理想主义者,但是他们是实干型的理想主义者。他们相信针对共产主义集团,建立一个西方联合阵线是至关重要的。这意味着如果他们必须接受被艾奇逊戏称为"圣经"的《联合国宪章》,那么他们就要做好独自发挥作用的准备。对艾奇逊来说,支持联合国毫无作用,顶多是个"外交助手"。② 这一点是很重要的,因为美国在冷战时期的很多行动中,表明他们为实现西方团结的目的而做出了让步,这种行动受到了很多欧洲人和美国人的尊重,让他们称赞不已。

这种团结并不容易维持。美国对戴高乐决心自立的做法怀有敌意,在英国的帝国主义存有疑

---

①　引自 James Chace, *Acheson: The Secretary of State Who Created the American World* (New York, 1998), p. 107。

②　引自 James Chace, *Acheson: The Secretary of State Who Created the American World* (New York, 1998), p. 108。

义,对德国的东方政策存有争议,在武器条约和加强军费等战略性问题上存有争论,特别是在里根政府时期,盟国的内部破裂已经开始公开。但这种分裂还是被弥合了,因为所有国家都认为分歧不可避免,但是分裂却是危险的。如果"西方"分裂了,那么它必将衰落。这种危险不仅仅只是战略层面的,它也存在于意识形态层面,甚至心理层面。"西方"必须有某种意义,否则,我们所保卫的是什么?它是人类在很长一段时间内自由和民主的选择,同柏林墙另一边的选择相对立。

这种战略上的、意识形态上的和心理上的迫切需要表明,尽管西方确实有凝聚力,但随着柏林墙的倒塌和列宁雕像的拆除,这种凝聚力已经下降了。20世纪90年代,这种损害被掩盖住了。很多人将波斯尼亚和科索沃的战争看成对西方的新考验。北约扩大的目的是将华沙条约国家囊括进来,那些国家曾经被迫脱离西方阵营,并且想要再次被纳入这个阵营。他们不只将北约看成一个安全组织,而且把它作为连接跨大西洋两岸的西方的唯一机制。当然,联合国不属于"西方阵营"。

不过,正是跨大西洋计划的实现,欧洲安全困境的解除,德国问题的解决,一个"完整、自由"欧洲的建立,巴尔干冲突的平息以及欧洲大陆上一个民主、和平、相对稳定的区域的创立——这些伟大而且曾经让人无法想象的成就最终的影响是削弱了"西方阵营"的重要性。这并非说西方已经不复存在,也不是说西方没有敌人了,因为伊斯兰宗教激进主义一直就是西方的夙敌。弗朗西斯·福山(Francis Fukuyama)在其著名的文章《历史的终结》中所表述的核心观点是难以辩驳的:几个世纪以来对于人类如何治理自己的观点的斗争,以西方的自由理想取得胜利而终结了。伊斯兰宗教激进主义不会对西方自由主义的普遍原则构成严重挑战,它的存在只会让美国人和欧洲人在共同防务中合作,以防自己受到破坏性的攻击。但是它不会像苏联共产主义曾经做的那样,强迫"西方阵营"团结和凝聚。

由于没有必要维持和证明一个凝聚的"西方阵营"存在的必要性，美国50多年以来的慷慨外交在冷战之后也不可避免地终止了。这也许是一件可悲的事情，但并不是一件奇怪的事情。苏联的存在和共产主义的威胁对美国构成了约束，使他们认识到他们的利益存在于他们对欧洲的慷慨外交之中。冷战的结束解除了这种约束，巧妙地打破了过去理想主义和利益之间的平衡。的确，那些谴责美国今天没有冷战时期那么慷慨的人应该好好琢磨其中的缘由。因为美国人客观上已经失去了施行慷慨外交政策的兴趣，因为如果美国继续保持在冷战期间所实施的同等程度的外交政策，对国际机构承担同样的义务以及对盟友保持同样的关注和尊重的话，那美国人岂不是过于理想主义了。

事实上，和50年之前相比，美国的理想主义没有更多，也没有更少。客观现实发生了变化，而不是美国的国家特征发生了变化。冷战之后国际环境的变化为美国国会的各种政治力量开辟了道路——主要但不仅仅是共和党——他们旨在废除旧的多边主义条约并阻止新的条约，把美国从国际条约的约束中解脱出来，因为他们认为那些国际条约极大地损害了美国的主权。新奇的不是这些政治力量和态度的存在，因为它们一直就存在于美国的政治中。20世纪20年代和30年代，他们主导着美国的政治。正是在这段时期，威尔逊理想主义衰落之后，一位共和党总统许诺美国要"恢复常态"。但是在冷战期间，特别是从共和党总统尼克松到里根执政期间，反共产主义战略压过了狭隘的民族主义情结，也超过了对国家主权的关注。

美国后冷战时期民主主义倾向加强并不仅仅是共和党右翼崛起的结果，现实主义国际关系理论家和政策制定者，以及那些研究美国外交政策的主流知名学者，对美国退回狭隘的民族主义也起了推动作用。他们攻击迈克尔·曼德尔鲍姆（Michael Mandelbaum）呼吁的已经由克林顿政府在波斯尼亚和海地忠实执行的"国际社会工作"。他们坚持认为美国应该回到对"国家利益"更为专注的道路上来。他们所指的国家利益的定义比冷战时期更加狭隘。从布兰特·斯考克罗夫特（Brent Scowcroft）到科林·鲍威尔，从詹姆斯·贝克（James Baker）到劳伦斯·伊格尔伯格（Lawrence Eagleburger），美国的这些现实主义者认为美国不应该承担解决巴尔干危机以及世界上其他"人道主义"危机的责任。他们认为，冷战既然已经结束了，美国的外交也可以"恢复常态"了。

但是，冷战后的"常态"意味着只要美国觉得合适，就可以不必太顾忌国际舆论，可以不必太尊重盟国，而且拥有更多的行动自由。现实主义者给了国会动用武力的合法地位，这些人呼吁重视"国家利益"，减少各种形式的海外行动。很多共和党人问到，如果"国家利益"被理解的过于狭隘，那么美国为联合国支付的高昂的会费是否包含在"国家利益"之中呢？过去，当保持西方团结一致对付共产主义作为美国对外政策的目标时，缴纳会费比较容易得到美国人理解。而现在，没有了对"国家利益"的长远和明确的界定，就很难向美国人解释为何还要向联合国缴纳这么多费用。

即使克林顿政府，虽然相对更具有理想主义，也难以避免新的后冷战现实，而且，具有讽刺意味的是，他们也许比现实主义者和共产党人更倾向于冷战时期的慷慨外交。其实，1992年克林顿竞选总统时提出的口号是重视经济而非外交。克林顿后来试图修复"西方阵营"是在其尽力避免此责而无法摆脱之后，才采取的行动。2001年1月，当乔治·布什上台时，奉行的是20世纪90年代共和党的现实主义和民族主义。"西方阵营"作为美国外交政策的理念占据了主导地位。8个月后，恐怖主义分子袭击了美国，冷战中形成的平衡被彻底打破了。现在，威胁直接发生在美国本土上而非其盟国身上。最重要的是,美国独自遭受苦难和攻击,而不是整个西方阵营。

"西方阵营"作为外交政策的组织原则,其影响力正在下降,这不仅仅是一种美国现象,同样在冷战后,欧洲也认为问题已经不再是"西方阵营"的。对欧洲人来说,问题变成了"欧洲"的,一个有力的证明是有一个团结欧洲而不是一个团结的西方。欧洲的"民族主义"借鉴了美国的民族主义,尽管这并非出于欧洲的意愿,美国和欧洲目前存在的分歧,其原因可以部分地追溯到欧洲打算抛开美国建立自己独立的共同体。

欧洲人的这种尝试让美国人铭记于心,即跨大西洋两岸的目标不再是构建一个联合的西方阵营;欧洲人自身已经不再做这样的考虑了。相反地,欧洲人谈到"欧洲"时,是把它作为了多极世界中新的一极来谈论的——可以和美国进行抗衡的。欧洲人打算脱离北约,建立自己独立的外交政策和外交力量。欧洲人推崇的机构是欧盟和联

合国。但是美国人和中欧人认为,联合国不属于
"西方阵营",欧盟也不是"西方阵营",只有北约才
是,现在欧洲人要建立一个北约之外的体系。欧
洲人认为,他们的做法很有意义。欧洲一体化计
划对美国也确实有好处,至少,到目前为止,它巩
固了和平。欧洲人并非有意挑战美国,更不愿意
挑战西方观念。但是美国不再像以前那样把西方
阵营和其盟友放在优先考虑地位,这不令人惊讶
吗? 欧洲这种涉及全方位的欧盟计划从其名字上
看就同美国没有一点关系。当然,美国也有自己
的计划。

8. 适应霸权

美国在"9·11"事件之后并没有什么改变,它只是让美国变得更自我。美国现在所从事的事情和它以前所从事的都没有什么神秘之处,不只是2002年或者过去的10年如此,过去的60年,甚至有人认为,过去的4个世纪都是如此。一个客观事实是,美国甚至在建立独立国家之前就已经尽力扩张它的力量和影响了。美国在19世纪的西半球建立的霸权至今仍是国际政治的一个永久的特征。二战中,美国在欧洲和亚洲的战略扩张也从没有收缩过。确实,值得注意的是,它反映出在战后的超过50年的时间里——这段时间日本和德国从敌人彻底转化为真正的朋友和盟友,以及冷战之后的 10 多年里——被美国击败的另一个敌人也发生了变化,美国仍然同时在东亚和欧洲维持或者有明确的意愿去维持决定性的战略力量。冷战的结束没有被美国作为收缩力量的机会,反而是继续扩大势力范围的机会,将它的盟友从大西洋西岸向东扩展到俄罗斯的西邻,还加强了与东亚那些日益民主的国家的关系,并延伸到世界其他地区,如中亚这种很多美国人以前甚至不知道的地方。

美国"孤立主义"传统的神话是有很大弹性的,但这确实是个神话。领土和势力扩张已经成为美国无法回避的历史事实,而且这并不是无意识的扩张。在世界舞台上发挥重要作用的野心深深植根于美国的特征中。自从独立或者更早一些时候开始,在很多问题上持有不同意见的美国人对国家的命运却有着相同的信念。即便当初只是一个沿大西洋的大陆东岸的殖民地松散联邦,在面临着欧洲列强和恶劣环境的威胁时,美国的领导者就认定它是"摇篮中的巨人"和"帝国的胚芽"。对美利坚合众国早期的先驱们,如华盛顿、汉密尔顿、富兰克林和杰斐逊等人来说,他们深信北美大陆一定会被征服,美国的财富和人口将会增加,年轻的共和国终究有一天会主宰西半球并立于世界强林之中。杰斐逊预见了一个庞大的"自由帝国"的建立。汉密尔顿相信美国将"在不久的将来,承担起与其伟大命运相一致的特征——宏伟、高效、运筹帷幄。在它面前的是灿烂光辉的事业"。①

美国的先驱者们认为,对国家的伟大繁荣的期许不仅仅是一种美好的愿望,而且也是其国家身份地位的重要组成部分,同国家的意识形态不可分割。美国必将成为一个大国,而且可能是最强大的国家,这些先驱者以及其后的很多继任者都深信这一点,这是因为美国立国的原则和理念

① 引自 Stourzh, *Alexander Hamilton*, p. 195。

毫无疑问是最具优越性的——不仅优于 18 世纪和 19 世纪欧洲腐朽的君主制,而且优于人类历史上任何国家和政府的观念。美国经验的重要性不仅在其内部机制的不断完善中得到证明,也在美国世界影响力的扩张中得到了验证。美国人一直都是国际主义者,不过,他们的国际主义一直都是民族主义的副产品。当美国人为他们的海外行动寻求合法性时,他们不仅通过超国家机构寻求,还通过他们的自我原则进行寻求。这就是为何那么多美国人总是容易相信,而且至今仍然相信,他们在谋求利益的同时也为全人类谋取了利益。正如本杰明·富兰克林所说的那样,"美国的事业就是全人类的事业"。①

美国人坚持认为他们的国家在历史中是特殊

---

① 引自 Edward Handler, *America and Europe in the Political Thought of John Adams* (Cambridge, MA, 1964), p. 102。

的,他们对美国的利益就是全世界的利益的确信不疑的观点,受到了欢迎,也遭到了嘲笑和哀叹。但这却不容否认。正如没有理由期望欧洲改变其根本进程一样,也没有理由相信美国会从根本上改变它的事业,或者改变它在世界上的行事方式。如果没有一些不可预见的灾难——不是在伊拉克受到挫折或者"另一场越战",而是一种军事上或者经济上足以摧毁美国力量源泉的灾难——我们有理由认定我们刚刚进入美国称霸的长久时期。统计数据的趋势表明,美国的人口增长很快,而且越来越年轻化,而欧洲的人口数量正在下降且逐步老龄化。根据《经济学人》杂志预测,如果这种趋势继续的话,美国的经济规模目前与欧洲经济规模大致相当,但是到2050年,美国的经济将增长到欧洲的两倍还多。现在,美国人的平均年龄是35.5岁,欧洲人的平均年龄是37.7岁。到2050年,美国人的平均年龄将达到36.2岁,欧洲人如果保持目前的趋势,其平均年龄将达到52.7岁。这意味着在欧洲赡养老年人的财政负担要比美国增长得快得多。这也意味着,欧洲在未来的几年或十年内将会减少防务的投入。这份杂志评论说,"这种人口的长期发展趋势可能会加强美国的力量,扩大大西洋两岸现有的差距","年轻、旺盛、多彩的美国正与年迈、衰弱、内向的欧洲形成鲜明的对比"。①

如果美国的相对权力不被削弱,美国人不可能改变如何使用权力的观点。事实上,尽管1941年以后,世界地缘政治已经发生了巨大变化,但美国人没有改变对世界事务的看法,也没有改变为了实现美国的利益和理想而在塑造世界中扮演何种角色的想法。那份引发冷战的文件——凯南的"长电报",突出表明了美国战后战略文化的主导观点:"苏联对理性的逻辑无动于衷",凯南写道,

---

① "Half a Billion Americans?" *The Economist*, August 22, 2002.

但是对"武力的逻辑却极为敏感"。① 一些自由派民主党人如克拉克·克利福德(Clark Clifford)认为苏联能立即明白的唯一语言就是"军事力量语言",并且苏联是"一个独特的体系",在这个体系里,"不是注定要有冲突,而是我们不能追求共同的目标"。② 现在很少有美国人会表达地这么直接,虽然大部分美国人仍然同意这个观点。去年,参众两院的绝大部分民主党人和共和党人都认为,"军事力量语言"很可能是萨达姆·侯赛因唯一能够明白的语言。

美国人并非一直热衷于现在在欧洲盛行的国际理想主义。在 20 世纪的上半个世纪,美国人为威尔逊的"结束一切战争的战争"进行战斗,但在战争结束 10 年后,一位美国国务卿签署了一份条约,宣称战争是违法的。20 世纪 30 年代,富兰克

---

① 引自 Chace, *Acheson*, p. 150。
② 引自 Chace, *Acheson*, p. 157。

林·罗斯福严格遵守不侵犯条约,并要求希特勒承诺不攻击他所列出的国家。直至1945年雅尔塔会议以后,垂死的罗斯福才终于能够宣告"一个具有单边行动、排他性联盟、势力范围划分、力量均衡的体系终结了",代之以"一个全球性组织,所有热爱和平的国家最终都能加入这个组织……一个永久的和平结构"。① 但是罗斯福不久之后就对这种前景丧失了信心。在慕尼黑会议和珍珠港事件以后,理想主义有过短暂的复苏。但随着冷战的开始,凯南的"武力的逻辑"成为美国战略的操作性假设,艾奇逊谈到要在全球"部署兵力"。"慕尼黑的教训"逐渐成为美国战略的主导思想,虽然一度被"越战教训"所替代,但在今天它仍然是一种主导思想。少数美国精英人士至今仍然呼吁"全球治理"即摒弃武力,从玛德琳·奥尔布赖特到罗纳德·拉姆斯菲尔德,从布兰特·斯考克罗夫特

---

① 引自 Kissinger, *Diplomacy*, p. 416。

到安东尼·莱特,这些美国人仍然记得慕尼黑事件,尽管了解的不是很清楚。对年轻一代的美国人来说,虽然不记得慕尼黑阴谋和珍珠港事件,但却经历了"9·11"事件。目前,欧洲和美国之间最明显的分歧是一个哲学的或者形而上的分歧,是关于人类应该遵守"丛林法则"还是"理性法则"的分歧。美国人不相信我们离实现康德的理想已经很近,而欧洲人相信。

我们究竟要走向何方?要再次看出美国走向何方倒是不难。"9·11"事件转变并加速了美国的步伐,但没有从根本上改变它的进程。并且"9·11"事件不仅没有改变反而加强了美国对使用权力的态度。回顾历史,在"9·11"事件之前,艾奇逊的继任者们一直在构建全球"力量部署",尽管不是那么上心。在"9·11"事件之前,甚至在小布什当选之前,美国的战略思想和五角大楼里的策划者们一直在寻找下一个可能出现的挑战,其中之一就是伊拉克。在克林顿时代,国会几乎全体一致通过了一项法案,支持对伊拉克反对派进行军事援助和财务援助。就在恐怖分子在发动"9·11"袭击之前,小布什政府还在考虑一项推翻伊拉克萨达姆政权的计划。同样,克林顿政府为新的弹道导弹防御系统部署奠定了基础,该系统主要防御来自伊拉克、伊朗和朝鲜等"无赖国家"的攻击。如果假设阿尔·戈尔(Ai Gore)当选了美国总统,并且假设恐怖分子没有发动"9·11"袭击,这些计划——旨在针对小布什所谓的"邪恶轴心国家"——也照样会进行。

美国在"9·11"事件之前正在扩大而非缩减他们的军事力量。在2000年的大选过程中,小布什和戈尔都许诺要增加军费,并非针对某一具体的威胁,而是认为每年近3000亿元的国防预算不能满足国家战略需要。美国军队以及五角大楼内外的文职官员和武职官员都在寻求实现军队现代化,寻求抓住被认为是可以改变战争形态的"军事革命"的机会。在这种激情的背后,美国真正关注的是,如果美国不对技术转型进行必要的投资,那么,将来美国的军队、安全以及全世界的安全都要面临危险。

在"9·11"事件之前,美国的战略圈已经开始把方向转向中国。很少有人会相信近几年内会同中国发生战争——除非台湾海峡地区出现危机。不过很多人认为,随着中国的军事能力和地缘政治雄心的增长,未来20年美国与中国发生对抗的可能性正在增加。这种对中国的考虑,是美国实现军事技术现代化的动力之一,也是美国部署导弹防御系统的动机之一。从更广泛的意义层面上来看,这已经成为美国战略计划的一个组成原则。将中国看成下一个重大战略的挑战者,这种观点在克林顿时期就已经在五角大楼形成了。小布什上台前后,尖锐地指出中国并不是战略伙伴,而是一个"战略竞争对手",这样,中国是美国的挑战者这种观点正式被官方确认。

去年9月,小布什政府发表新的国家安全战

略报告以后,美国的战略野心让很多欧洲人,甚至是一些美国人,都感到了窒息。新战略被看做是针对"9·11"事件的回应,至少从撰写者的角度来看,确实如此。但是这份文件的显著特点是,除了少数几个地方提到"先发制人"概念外,其他没有什么新奇的地方,小布什政府的"新"战略只不过重申了美国的政策,其中很多可以追溯到半个世纪以前。小布什的战略没有谈到在全世界推进民主,甚至连哈里·杜鲁门、约翰·F. 肯尼迪和罗纳德·里根这样的热情也没有体现。这个宣言表明美国意图保持世界主导性大国的地位并且要强大到能够消除其他国家挑战美国主导地位的想法,这个宣言是对自冷战结束后的美国战略计划做出的首次公开表态——如果这不是对实际军事开支和军事能力的宣称的话。

无论克林顿政府或小布什政府的政策设计是好是坏,它们都基于一种共同的明确设想——美国是一个"不可或缺的国家",美国寻求保护和推进自由的国际秩序。但是美国所能想象的唯一的稳定成功的国际秩序就是以美国为中心的国际秩序。美国人无法想象一个不用权力特别是美国的权力来捍卫的国际秩序。如果这是一种狂妄自大，那么至少不是一种新的狂妄自大。亨利·基辛格（Henry Kissinger）曾经问年迈的哈里·杜鲁门什么是他最想让人们记住的，杜鲁门回答："我们彻底击败了敌人并使他们投降，然后，我们又帮助他们复苏，使他们成为民主国家并重新加入国际社会。只有美国才能做到这些。"① 即使是最冷静的美国现实主义者也会对莱因霍尔德·尼布尔（Reinhold Niebuhr）曾经提出的所谓"解决世界问题的责任"感到忧虑。乔治·凯南，抛出了"遏制"理论——这个理论是他曾经预见的对民主的维系最为困难的战略——不管如何，他将这种挑战作为美国在所有国家中的一个国家的全部价值的一

---

① 　引自 Kissinger, *Diplomacy*, p. 425。

种考验。他甚至建议美国人应该"感谢上帝给他们提供了这种无情的挑战,使他们团结在一起,保卫国家的安全并接受历史赋予他们的道德和政治领导使命"。①

美国人是理想主义者,在一些事情上,他们比欧洲人都理想化,但是他们却没有不使用权力来实现理想的经验。当然,他们也没有超国家治理经验。他们无法像欧洲人所希望的那样,遵守国家法律和国际机制,他们甚至无法在不使用武力时,与欧洲人一起行事。美国人,是接受启蒙运动思想的好孩子,他们一直坚信人类是完美的,并对世界的完美抱以希望。但是他们仍然在有限的程度上保持着现实主义风格,他们相信在离完美世界还很遥远的世界里,权力是必要的。诸如规范国际行为的法律之所以能够存在,是因为有美国

---

① X〔George F. Kennan〕, "The Sources of Soviet Conduct," p. 169.

这样的大国在捍卫。换句话说，正如欧洲人所说的，美国人有时候仍然把自己当成英雄——正如加里·库珀（Gary Cooper）在《正午》里扮演的角色一样。他们要保卫镇上的居民，不管镇上的居民是否希望他们这样做。

今天，作为"9·11"恐怖袭击的一个后果，美国开始了新一轮的战略扩张。正如日本发动对珍珠港的袭击之后，这次袭击毫无意外地导致美国在东亚和欧洲长久发挥作用。所以"9·11"事件的发生，后世的历史学家毫无疑问地会将之描述为这是美国卷入伊斯兰世界的不可避免的后果，可能导致美国在波斯湾地区和中亚地区长期驻军的存在，并且可能对世界上最大的阿拉伯国家进行长期占领。美国人可能对他们处于这样的境地也感到意外，就像20世纪30年代的美国惊讶地发现他们在不到10年的时间里竟然占领了德国和日本一样。不过，看一下美国发展的历史轨迹，其中最显著的就是国家的稳步扩张，从弱小国家发展成如今的世界霸主,因此,美国这轮最新的战略扩张就不那么令人震撼了。

这对跨大西洋两岸有什么意义呢? 欧洲可能跟随美国的领导吗? 如果欧洲不跟随,会对美国有影响吗?

对以上问题的一个答案就是伊拉克危机使得大西洋两岸的问题初现端倪。当危机随着时间平息,美欧之间关于权力的最大分歧也将随之退居次位。二者之间共同的密切的政治、文化和经济关系随之凸显——这种状况会持续到下一次国际战略危机出现的时候。但是,可能下一次危机不会像伊拉克和中东地区的问题那样严重到如此明显地突出大西洋两岸的分歧——在中东地区,美国和欧洲都有着巨大利益,所以二者对在这一地区的分歧尤为敏感。下一次危机有可能出现在东亚。由于欧洲离此地较远,利益相对较小,而且欧洲在这一地区投入的力量也不可能像他们在中东那样多,因此,他们对美国在该地区的战略计划关注较小。所以,在亚洲发生的危机可能导致的另一次跨大西洋两岸的分歧不会像我们曾经经历的那么严重。

简单地说,尽管很难预见到欧美对世界看法的分歧能够弥合,但将来出现分歧至少比现在容易处理。在过去所谓的"西方阵营"里,不会出现"文明的冲突"。美国人和欧洲的共同任务就是调整以适应美国的霸权这一新的事实。也许用心理学家的话来说,解决问题的第一步,就是理解问题并承认它的存在。

当然,当美国考虑欧洲的时候,不应该忽略这样重要的一点:对大西洋两岸来说,新欧洲是上帝保佑出现的奇迹,应该获得热烈的庆祝。对欧洲来说,他们实现了长期以来一个不可能的梦想:这块大陆上不再有国家的斗争和不和,也不会有军事竞争和军备竞赛。欧洲大国之间的战争几乎是不可想象的。在经历了几个世纪的痛苦——不仅对欧洲人,也对那些卷入了他们斗争的国家来说,例如美国人在 20 世纪两次被卷入欧洲的斗争——新欧洲的出现应该成为一个天堂,它应该被珍惜,被保卫,曾经在欧洲的土地上洒下热血的美国人应该珍惜它、保护它,因为,如果新欧洲失败的话,可能美国人还会在欧洲的土地上洒下更多的热血。但是这并不意味着,美国在将来会依赖欧洲,就像以前那样。而是说,美国人不要再像冷战中那样,让特殊的冷战环境主导了美国与欧洲国家后冷战时期的战略关系。

如果没有欧洲的帮助,美国能够准备好应对世界上的战略挑战吗?最简答的回答就是美国已经这样做了。美国在没有欧洲帮助的情况下,维持了亚洲的稳定。在过去 10 年以及现在,美国在处理中东和波斯湾地区的各种危机时,欧洲的帮助,即便是热心提供的帮助,也是象征性的。自从冷战结束后,欧洲除了对美国提供道义上的和政治上的支持外,在军事战略意义上已经不能给美国什么帮助了——当然,除了欧洲的和平,这是最有价值的战略资产。

如今美国的国防开支仅占其 GDP 的 3% 多一点。如果将其增长到 4%——也就是每年 5000 亿的预算——这也比过去半个世纪里美国人的国防开支小。保罗·肯尼迪在 20 世纪 80 年代曾经提出"帝国的过度扩张"这一概念（当时美国的国防开支相当于 GDP 的 7% 左右），他相信美国能够保持这一军费开支水平，而且能够在将来长期保持全球霸主地位。美国在物质上至少能做到这一点。没有人会认为美国人民不愿意继续承担这种全球性的负担，因为他们已经承受了 10 年之久。"9·11"事件之后，他们看起来仍然愿意长久这么做下去。美国人显然没有为未能进入欧洲的"后现代"世界而感到怨恨，也没有证据表明大部分美国人想要进入这种后现代世界。这主要是因为他们是如此强大，他们可以从国家的军事力量及其在世界的特殊地位中找到自豪感。

当前大西洋两岸困境中的威胁，不在于美国

的意愿和能力，而在于目前国际局势中固有的道德压力。例如，经常出现这样的情况，在人类的事务中，真正的问题是难以说清的，如恐惧、激情和信仰等。问题在于，即便触犯欧洲的后现代行为规范，美国有时也必须按照霍布斯世界的规矩行事。它必须拒绝遵守某些国际协定，因为这些协定可能限制了罗伯特·库珀所谓的在"丛林"中作战的能力。它支持对武器进行限制，但是自己却不能遵守。它必须以双重标准来行事。有时候，它必须实行单边主义行动，这并非出于对单边主义的热衷，而是仅仅因为，一个虚弱的欧洲已经毫无权力，美国除了采取单边行动外别无选择。

就像库珀曾经含蓄指出的，很少有欧洲人承认美国的这种行为对文明世界会有更多的好处，也不承认实行双重标准的美国权力是推动人类进步的最好的工具——可能还是唯一的工具。就像尼布尔指出的，半个世纪以前，美国的这种"混乱的权力"，尽管非常"危险"，却为"国际社会提供了好处"。① 相反,很多欧洲人如今逐渐认为美国本身是不遵守法律的国家,是无赖的巨人。危险的是——如果这是一个危险的话——美国和欧洲会变得越来越疏远。欧洲人对美国各种攻击行为的批评可能越来越尖锐。美国人越来越不愿意听欧洲人说什么,甚至也不在乎他们说什么。也许有一天——如果这一天还没有到来的话,它迟早会来——美国人不会再注意欧盟的声明,就像其不在意东盟或者安第斯条约组织的声明一样。

对于我们这些从冷战时期过来的人而言,欧洲和美国的战略脱钩是可怕的。戴高乐在针对罗斯福所谓的"世界事务与欧洲无关"的观点进行反击时,就预言过这"将西方世界置于危险的境地"。如果西欧的事务对美国来说是"次要的事务",是否罗斯福想要"削弱他所一直致力的文明事业"?

---

①   Reinhold Niebuhr, *The Irony of American History* (New York, 1962), p. 134.

戴高乐坚持认为,西欧是"西方的核心,什么也替代不了古老民族的价值、力量和光辉榜样",而这就是典型的"最真实的法国"。① 但是,如果把法国人的自尊放在一边,戴高乐的观点不是切中要害吗? 如果美国人决定把欧洲当做一个让人感到不快的毫不相干的地区,那么美国是不是开始远离我们现在所称的"西方阵营"? 这对大西洋两岸而言,都是不能轻易触犯的险区。

那么怎么办呢? 最明显的答案就是欧洲按照库珀、艾什、罗伯逊等人所建议的,建立自己的军事力量,即便只是边缘性的力量。不过看起来没有充分的理由希望这些能够真正实现。但是谁又能断定呢? 或许,美国对权力的狂妄自大真的能激发欧洲的一些能量。又或许先祖的脉搏依然在德国人、英国人和法国人的心中跳动——对权力、

---

① 引自 Harper, *American Visions of Europe*, pp. 114 –115。

国际影响和国家野心的记忆。一些英国人至今怀念帝国时代,一些法国人仍然缅怀过去的荣光,一些德国人依旧想要往日的大国地位。虽然这些欲望多数被融进了大欧洲计划,但是仍然能够找到更加传统的实现方法。至于这让人感到希望还是感到恐惧,就属于另外一个问题了。更好的是,如果欧洲人可以摒除对美国这个无赖巨人的恐惧和怨气,仍然记得一个强大的甚至主导性的美国对世界特别是对欧洲至关重要的话,事情就会好多了。这看起来就是为天堂所付出的可以接受的代价。

美国人可以提供帮助。事实是小布什政府上台时就在其身上标明了某种特征。由于对20世纪90年代的共和党国会的现实主义和民族主义冲动的继承,使得本届政府对世界上其他地方的意见根本不予理会。在执政的头几个月里,小布什政府像只河马,只对付目所能及的东西。同克林顿政府相比,该届政府对新欧洲抱有更多的敌对态度,不是把它当做自己的盟友,而是当做沉重的负担。甚至"9·11"事件之后,当欧洲提出将其有限的军事力量派往阿富汗参加战斗时,遭到了拒绝,美国担心欧洲的合作是一个借以抑制美国的陷阱。当北约根据第五条款作出历史性的决定来帮助美国时,小布什政府仍然把这当做陷阱而非好意。一个将欧洲拉进霍布斯世界的机会,即便让欧洲在这个世界里只扮演一个小小的角色的机会就这样被忽略了。

但是美国人太强大了以至于他们不必害怕欧洲人,即便在接受欧洲人的馈赠的时候。他们不应该将自己看成是被小人国的小人绑住的格列佛。美国的领导者应该认识到美国是无法被束缚住的,欧洲人也没有能力束缚美国。如果美国摒弃这种由被束缚的误解而导致的愤怒,它就会更好地理解其他国家的感受以及冷战中美国外交政策的慷慨精神。它就能够尊重多边主义,尊重法治。当多边主义无法实行、单边主义势在必行的时候,它还可以建立一些国际政治资本。简而言之,它就能更主动地展示先辈们所说的"对人类的意念的真诚的尊重"。这是最明智的政策,而且这对美国来说是非常有好处的:可以赢得朋友和盟国在物质和道义上的援助,特别是来自欧洲的,这毫无疑问比在面对欧洲人的忧虑和敌视下采取单边行动更为可取。

这只是一点小小的措施,它们无法解决目前困扰大西洋两岸的深刻问题。但是,毕竟这比欧美拥有共同的西方信仰之类的陈词滥调更有意义。尽管对权力的分歧让他们不再站在一起,但是他们对人类的愿望是一致的,相信这一点共识会长期保持下去,这样的看法或许并不过于天真和乐观。

9. 美国权力的合法性危机

　　"我们想要一种什么样的世界秩序?"2003 年 3 月德国外交部长费舍尔在美国发动伊拉克战争前夕提出的这个问题,还回想在很多欧洲人的记忆中。① 这个问题本身反映了当今美国和欧洲的分歧所在,因为可以很肯定地说,大多数美国人自从战争开始之后就再没有考虑过"世界秩序"的问题了。

　　美国人不得不考虑这个问题。伊拉克战争引发的欧美争论根源于对"世界秩序"的不同认识。

---

　　① 2003 年 4 月,费舍尔接受《明镜周刊》的访问。

的确,美国人和欧洲人在如何处理伊拉克的具体问题上存在分歧,他们对萨达姆是否构成严重威胁、战争是否是合适手段等问题进行争论。绝大多数美国人对这两个问题的回答是肯定的,但大多数欧洲人的答案则恰好相反。但是这些分歧不只简单地反映了对伊拉克的策略以及形势分析评估的差异。正如法国外长德维尔潘(Dominique de Villepin)所说的,与其说这是有关伊拉克的争执,还不如说是"两种世界观"的冲突。① 欧美对伊拉克问题的不同态度,不仅仅是在政策上的不同,更是在首要原则上的不同。不管是在战前、战争期间还是战后的表现都表明,欧洲和美国的民众似乎是生活在战略和理念完全不同的两个行星上的人。超过80%的美国人相信这场战争有可能实现公正,而只有不到一半的欧洲人同意战争——不

---

① 2003年3月19日德维尔潘在联合国安理会上的发言。

管什么战争——可以实现公正。① 美国人和欧洲人在国际法和国际制度究竟应当扮演怎样的角色以及国际行为中的合法性是什么等问题上都持有不同意见。这些分歧在伊拉克战争爆发之前,甚至在小布什当选总统之前就已经存在了,这场战争和小布什政府的对待国际事务的方式加深了甚至是恶化了跨大西洋两岸的裂痕,使之成为国际社会中的一个长久特征。格哈德·施罗德(Gerhard Schroeder)在战争爆发的几个月之前曾经实事求是地说过,"美国与欧洲不同"。② 谁能再

① 参见 *Transatlantic Trend 2003*。这份调查是由美国马歇尔基金会和意大利圣保罗银行基金会联合发起的。调查在 2003 年 6 月 10 日～25 日进行,在 8 个国家同时开展:美国、法国、德国、英国、意大利、荷兰、波兰和葡萄牙(调查结果可以在 www. transatlantictrends. org 网上查询)。

② 2002 年 9 月 4 日施罗德接受《纽约时报》的采访。

次否认这一点呢?①

　　当这本书在 2003 年第一次出版的时候,正好是在伊拉克战争之前,跨大西洋两岸的鸿沟已经显现。但是,仍然还不明朗的是,这对世界的影响到底有多大。人们可以想象跨大西洋两岸对全球战略事务的处理已经走向了岔路口,如果这看起来是不友好的,但至少是可控的,这只是一种战略分工,即欧洲只将注意力集中在欧洲,而美国集中于全世界。冷战期间的战略性合作伙伴关系可能被某种彼此间的冷漠所替代,但是无需为西方阵营内部的危机进行占卜。难道美国人和欧洲人之间的关系不能像鲍伯·迪伦说过的那句话那么简

---

① 　正如英国政治学家克里斯托弗·科克所说的,"有些观点认为如果小布什无法在 2004 年获得连任或者如果施罗德政府失去了权力,那么这种裂痕很可能消失,再没有比这些观点更幼稚的了"。Christopher Coker, *Empires in Conflict*: *The Growing Rift Between Europe and the United States*, Whitehall Paper 58(London 2003) ,p. 3.

单吗?——"你走你的阳关道,我过我的独木桥。"

今天事情已经愈演愈烈。西方阵营内部已经出现哲学意义上的根本分裂,不再只是彼此冷漠,这种相互对抗已经开始威胁到跨大西洋共同体双边的稳定。此时一旦有新的危险和危机扩散的话,这种分裂将带来非常严重的后果。对欧洲和美国来说,战略上的拆伙已经足够糟糕,但是如果这种在"世界秩序"上的分裂扩散到我们所熟知的整个自由主义的西方世界,会产生什么后果呢?西方还会是那个西方吗?

可是仅仅在几年前,类似的问题还是不可想象的。冷战后,政治理论家福山曾经说世界其他地区将随同我们一起走向历史的终结,最终相对和谐地统一生活在自由民主的世界中。冲突可能发生在西方与其他地区之间,但绝不可能发生在西方阵营内部。因为民主国家间共享自由的原则,所以它们"不存在相互竞争合法性的基础".① 但是现在这个结论开始受到质疑了,今天正是合法性的问题分裂了美国和欧洲——不是相互政治体制的合法性有问题,而是双方对于"世界秩序"的不同看法导致的。② 更准确地说,美国的权力合法性及其全球领导地位遭到了大多数欧洲人的质疑。美国,自从第二次世界大战后,第一次遭遇严重的国际合法性危机。

美国人会发现他们无法忽略这一问题。在这个新的时代,对国际合法性的定义和获取的斗争已经被证明是我们这个时代最关键的竞争,某种程度上,它重要到能够决定未来的国际体系以及美国在这个体系中的地位,就像权力和影响力等纯粹的物质手段一样重要。

---

① Francis Fukuyama, *The End of History and the Last Man* (New York,1992),p. 263.

② 事实上,欧洲人和美国人确实经常对对方的政治和经济机构进行质疑。

10. 冷战合法性的三大支柱

　　这种关于合法性的斗争是从什么时候开始的呢？在整个冷战期间,不存在这种关于合法性的争论,美国权力的合法性及其世界领袖地位被认为是理所当然的。大多数欧洲人,虽然有时候也会对美国的统治发发牢骚,并对美国在越南、拉美或是其他什么地方的行为进行批评,但归根结底还是愿意接受美国的领导的,认为这是一种必要。

　　和很多关于跨大西洋两岸的往日传说相反,美国冷战合法性的建立同美国创立了联合国或者忠实遵守《联合国宪章》中规定的国际法律原则没有丝毫关系。由于冷战时期的对抗,联合国安理会在其存在的前40年里处于瘫痪状态。在发动战争或进行战争威胁前,美国并不认为自己需要获取安理会的批准。欧洲人也不期望或者也不要求它这样做。而且欧洲各国在他们进入中东或者东南亚,又或者南大西洋的战争时,也不希望寻求这种授权。当美国确实引用国际法律为其冷战政策进行辩解时,它呼吁汇集所有的集体自卫防御的原则——更多时候基于某种伪命题,即任何美国采取的行动,从军事干预到在整个第三世界秘密推翻政权,都被定义为"自由世界"的集体防御,是为了反对具有侵略天性的共产国际。

不是规则、法律和制度的结构,而是冷战的环境和美国在冲突中独特的角色为美国提供了合法性,至少在西方阵营内部是这样。① 在欧洲,美国的合法性基于三大支柱,而这三大支柱都是基于

① 在欧洲和日本之外,像拉丁美洲、中东、非洲,以及俄罗斯和中国这些地方,美国通常被给予很少的合法性。

苏联共产国际的存在这一事实。

其中最牢的支柱就是共同面对苏联的战略性威胁——生动的现实是每天成千上万的苏联军队停驻在欧洲的中心。伴随着这个共同的威胁的是对只有美国拥有阻止它的权力的共识。对大多数欧洲人来说，或者对大多数美国的亚洲盟国来说，美国被认为是对抗苏联的关键保卫者，这一广泛认同给了美国极大的合法性尺度。不管怎样，即使当欧洲人认为美国的行动过于愚蠢、不遵守道德，就像在越南一样，他们仍然继续接受美国的权力和世界领导地位——主要因为他们不得不这么做。在冷战期间，美国在西方阵营内部享受的大部分合法性是源自于其盟友的自我利益。

对共同战略威胁形成补充的是共同的意识形态威胁。在冷战期间，美国引以为豪的是成为"自由世界"的代表并对抗极权主义世界，而很多欧洲人也同意这一点。冷战的"摩尼教斗争"在民主阵营提供了世界上最强大的民主极权。现在回想起来,很显然,相比于给这个世界带来的民主而言,共享自由民主原则意味着在这个世界中面临更大的集权主义威胁。

最后,冷战时期的"两极"国际体系提供了所谓的结构的合法性。两个超级大国之间的均衡意味着,美国的权力虽然强大,但仍然需要被检验。欧洲人并非欢迎苏联在这个大陆上的权力,而是很多人私下里认为苏联及其核武器的存在可以对美国构成限制。戴高乐时期的法国,维利·勃兰特的德国以及其他国家都津津乐道美国主导地位给他们带来了一定程度的独立性,这正是超级大国的均势给予他们的。

冷战结束了,美国的这些合法性支柱也随着柏林墙轰然而倒。在后冷战时期,也还没有什么合适的替代品。激进好战的伊斯兰极端主义不管以何种恐怖主义的形式表现出来,但还代替不了共产主义以意识形态的形式对西方自由民主价值观构成的威胁。今天,"自由世界的领导者"这句话在美国人听起来,感觉非常荒谬。

后冷战时代的各种分散和模糊的威胁更是无法代替苏联为美国霸权塑造出来的合法性源泉。在20世纪90年代巴尔干发生的种族冲突被迫让欧洲人请求美国进行军事干预,以使得欧洲"完整和自由",这是跨大西洋两岸的工程,其中美国仍然扮演领导者角色,特别是在中欧和东欧。但是这个工程的结束也使得欧洲停止了对美国战略防卫的依赖,至少在很多西欧人看来是如此。从克林顿时期起,大多数欧洲人就不太理解美国对伊拉克、伊朗、朝鲜的大规模杀伤性武器问题的关注。他们也不认为"9·11"事件之后的危险与大规模杀伤性武器和国际恐怖主义有所关联,在欧洲人的内心中,他们也不相信那些武器有朝一日将对准他们。而且大多数欧洲人现在不再盼望由美国来保护他们免遭危险了。他们生活在他们的地缘性天堂里,根本不惧怕外面的丛林世界。他们不再欢迎来保卫他们大门的卫士了。相反他们会问:现在由谁来保卫美国这个卫兵呢?

　　美国在冷战期间的合法性很大程度上依赖于欧洲的自我利益。今天欧洲人相对独立的战略导致很多人要求收回他们曾经赋予美国的全部合法性。①　确实,苏联威胁的消失,目前"单极"国际体系帷幕的拉开,以及结构性合法性遭受的损失使得欧洲人对横跨大西洋的西岸产生恐惧和怀疑。今天很多欧洲人不再将美国视作保卫者以及因此而形成的法律上的"领导者",他们更为担心的是,一个不受限制的美国已经发展得超出了他们的控制。

---

①　当然,例外出现在东欧和中欧,这些地方的国家在战略上依然依赖美国。但是如果这些国家在接下来的几年里较少地感受到威胁的存在,并且当他们同欧盟的政治经济关系网络越来越紧密的时候,他们可能跟随西欧人民的步伐。

11. 冷战后的单极困境

什么是"单极困境"呢？它并不是美国哪一项政策或者是哪一届政府的产物。随着冷战的结束，美国前所未有的全球权力不可避免地成为新的问题，美国人和欧洲人都开始为这个问题进行斗争。

费舍尔在伊拉克战争开始后问："在我们最重要的盟友正在做出我们认为是极其危险的决定时，我们能做什么？"[①]这是一个相对新的问题，因为欧洲人丧失对美国行动的控制能力是一个相对新的现象。冷战期间，即使美国起着主导作用，它

---

① 2003 年 4 月，费舍尔接受《明镜周刊》的访问。

也得听欧洲的意见,因为这时候的美国政策首先是要保卫欧洲的安全和加强欧洲的力量。现在,欧洲在很大程度上已经丧失了这种影响力。欧洲已经过于虚弱而不再能够成为一个至关重要的盟友了,而且欧洲已经过于安全不会再次成为潜在的受害者了。冷战时,美国要仔细估算它的每次行动会如何影响欧洲的安全,但今天它就无需太多担心了。

这就是为什么欧洲人现在关注美国不受制约的权力,以及思考他们如何重新控制美国使用权力的方式。由于长期以来习惯于规划世界,或者通过他们自己的权力,或者通过他们的影响力对美国施压,他们很乐于坐在后座上,让美国做所有的驾驶工作。但是如果当他们认为美国正在危险地开车的时候,他们该怎么做呢? 20 世纪 90 年代发生巴尔干冲突时,欧洲人不得不无助地等待克林顿政府最终干涉的决定,他们敏感地发现已经丧失了对美国的控制。当 1999 年美国在科索沃真的开始动手时,欧洲人却尴尬地发现在自家后院,自己只能无奈地看着这场战争由一位美国将军领导。所以说无论美国总统是老布什、克林顿还是小布什,国际结构的新变化已经把欧洲人推到一个让人并不羡慕的位置上,即欧洲不得不相信现有的唯一超级大国能够作出明智的判断和行为。众所周知,这对欧洲人来说并不是一件轻松的事情,在这个位置上,有时候所有的国家都会做出糟糕的判断。

单极困境还提出了当今世界秩序的基本问题。首先,它提出了政治和道德合法性的问题。现代自由精神认为,一个单极的霸权国除了自我的束缚感外,还必须受到外部约束,所以无论美国总统采取何种外交政策,自由民主的精神都会反作用于霸权统治的观念,即便这个霸权是仁慈的。正如肯尼斯·华尔兹(Kenneth N. Waltz)1997 年在其论文中提到的,"不平衡的权力,不管是谁来执掌,对其他人来说都是潜在的危险"。① 很多人认为,自然憎恨权力的垄断,就像它做了一个权力真空一样。② 正如阿克顿勋爵(Lord Acton)写到的,难道不正是绝对的权力导致绝对的腐败吗?

对西方自由主义思想来说,政府间的相互制衡是国内人民生活正义和自由的首要条件。正如英国学者型政治家罗伯特·库珀所认为的,"我们国内的系统旨在限制权力……我们在国内重视多元主义以及法治,而民主社会——包括美国——

---

① Kenneth N. Waltz, "Evaluating Theories," *American Political Science Review* 91(December 1997),p. 915.

② 事实上,根据现实主义者和非现实主义者的理论,我们现在所生活的这种单极世界是不可能的,或者至少从根本上是不稳定的、短命的,因为单极超级大国的出现必须迅速地领导世界上的其他强国紧密团结在一起进行反抗和重塑现有国际体系。关于这个理论的总结和反驳,参见 William C. Wohlforth, "The Stability of a Unipolar World," *International Security* 24 (Summer 1999),p. 5 –41。

很难摆脱那种认为它们在国际上也受到欢迎的想法"。① 美国会使用其权力来为自我狭隘利益服务并牺牲其他人的利益吗？这正是盟友以及以前崇拜美国的那些国家所担心的。库珀说道，"美国在国际社会中垄断力的困难在于美国正是根据其国家利益来行使权力的,这被看做是不合法的"。②

　　早在小布什政府在缓解与其亲密盟友关系上表现得如此笨拙的时候,其他后冷战时期的政府就面临着因不断增加的主导权而引起的焦虑。在20世纪90年代,当克林顿和奥尔布赖特自豪地称赞美国是"不可或缺的国家"时,法国外交部长,以及俄罗斯和中国的外交部长,同时宣称美国领导的单极世界是不合法的,危险的。在克林顿时代,塞缪尔·亨廷顿就担心美国政策充满"傲慢"和

---

① Robert Cooper, *The Breaking of Nations* (New York, 2004), pp. 163 – 164.

② Cooper, *The Breaking of Nations*, p. 167.

"单边主义"。欧洲抱怨克林顿政府在 1999 年科索沃战争之前、过程中以及结束之后的"傲慢"和"盛气凌人",表明欧洲人对新结构存在的内在问题的关注在持续增长,特别是欧洲控制力丧失的加速。①

欧洲人最担心的事情终于在 2001 年 9 月 11 日发生了。自这次袭击之后,小布什政府和全体美国人开始在保卫他们自己并对抗新的威胁对手的时候,毫不迟疑地使用美国的武力。欧洲起初对美国在阿富汗的行动表示支持,北约历史上第一次作出共同保卫美国的集体决议,其中还有欧洲想要在美国对恐怖主义进行反击时仍能抱有一定影响力的考虑。无疑,华盛顿对这些援助的冷

---

① 正如亨廷顿所指出的,"在各个世纪中的政治和思想领袖都坚决地抵制单极世界的前景而支持多极化的出现"。参见 Samuel P. Huntington, "The Lonely Superpower," *Foreign Affairs* 78 (March/April 1999) , p. 24。

淡态度令欧洲人极其不高兴。当美国开始将视线超越阿富汗，瞄准伊拉克和"邪恶轴心"的时候，欧洲人意识到他们已经丧失了控制权。很明显，冷战时期大西洋两岸的合作关系现在已经逆转。冷战时，美国一度冒着自己的安全危险捍卫受到威胁的欧洲的重要利益，可是现在受到威胁的美国就只关心自己，而忽视了许多欧洲人认为重要的道德、政治和安全利益。

美国的霸权现在已经成为令欧洲人十分烦恼的难题了，因为欧洲人不能对它施加什么影响。20世纪90年代之后，一个多极世界的希望逐渐破灭了，今天几乎每个人都不得不承认美国的实力在几十年内都将无人能够匹敌。而且那些可能成为竞争者的国家，如中国和俄国，对大多数欧洲人来说都不是什么好的选择。同时，欧洲自己的军事实力与美国相比较，也处于持续下降之中。法国想要创立一个与美国相抗衡的欧洲的抱负也一直被更强大的后现代欧洲所反感，后现代的欧洲厌恶军事、权力政治以及势力均衡的观念。① 法国的野心同时还被其他一些因素所阻止，比如害怕被强大的美国疏远，在欧洲大陆弥漫着对法国在欧洲拥有"软霸权"的怀疑以及一直挥之不去的对德国军事力量复活的担心。

但是，欧洲人总归不会寻求以通常的权力对抗的方式制衡美国，因为他们知道美国霸权不是传统的权力式霸权。肯尼斯·华尔兹在这方面确实错了，并非所有的全球霸权都是同样令人恐惧的。欧洲人知道，美国霸权不会威胁欧洲的安全、独立甚至于它的自主权。② 美国的"威胁"具有完全不同的性质。欧洲人并不害怕美国会设法控制

---

① 确实，在欧洲人为了重建国际体系的和平和正义而寻求恢复全球均势的权力上有一些反对的声音，因为他们拒绝认为这种均势权力是欧洲大陆和平和正义的最大威胁。

② 尽管在讨论美国的"帝国权力"，但是欧洲人知道美国并不像以前的霸权国家一样有控制欧洲的帝国野心，如路易十四、拿破仑和希特勒等。

他们,他们害怕的是他们将要丧失对美国的控制,进而会丧失对世界性事务发展方向的控制。

如果美国遭遇合法性危机,最主要的原因就是欧洲希望重新获得控制美国行为的一些措施。[①]大多数欧洲人反对美国入侵伊拉克,不仅是因为他们对战争的反对。正是因为美国发动战争的意愿和能力不需要通过安理会的批准,也就说,不需要通过所有欧洲国家的批准,这对欧洲看待世界秩序以及欧洲在新的单极体系中发挥甚至些许影响力提出了挑战。费舍尔抱怨说:"当最有权力的国家把自己的国家利益作为使用权力的决定性标准时,世界秩序就无法运转。"为此,必须制定规则来管理所有国家的行为,他坚持认为,这些规则

---

① 再次,俄罗斯、中国,拉丁美洲、非洲和中东的很多国家反对美国权力违法性的事实并非一个新的现象。新的戏剧性事实是美国的欧洲盟友叛离到了这个阵营中。

"必须适用于大国,中等国家,以及弱小国家"。[①]
就像希拉克总统指出的,世界危机无法由"某个代表自我利益和判断而单独行动的国家"解决,"任何危机环境下,不管它的性质是什么,不管发生在世界的哪个地方,应该被整个国际社会共同关注"。[②] 在这些呼吁"国际社会"参与的要求中,最明白无误的坚持就是欧洲掌握舵柄。

这并非认为欧洲人要求美国为其行为获得国际合法性是存在恶意的。因为欧洲的历史,因为他们现在正在欧盟这一国际性组织中共事,这要求在所有事务上的多边共识,欧洲对于从多边谈判和国际法律机构中获得合法性的承诺是真诚的、热情的。但是理想和自我利益经常重合,欧洲对美国行为以及美国权力合法性的攻击可能是有效限制和控制美国超级霸权的方式,尽管是非常

———————————

① 2003 年 3 月 24 日费舍尔接受《明镜周刊》的采访。
② 2003 年 7 月 14 日雅克·希拉克的电视采访。

规的方式。库珀写道,合法性"和武力一样是权力的重要来源",很多欧洲人无疑希望这是真实的。

在与美国的对抗中,欧洲人相信合法性是他们拥有的丰富资源,他们把合法性看做是自己的比较优势——已经失衡的美欧关系中的平衡器。欧盟享有天然的合法性,很多成员国都这样认为,这从其集体主义组织的性质就可以看出。实力和合法性是两种不同的区分,在现代自由主义世界中,合法性可以被用做其他某种类型权力的替代,还可以当做影响力来使用。索拉纳(Javier Solana)认为,美国需要欧洲,因为欧洲是"一个有着25个主权国家赋予的集体行动合法性的伙伴"。[1] 为了在世界事务中拥有更大的发言权以及对美国行使权力有着更大的控制权,欧洲可以给予美国现在

---

[1] Javier Solana, "The Future of Transatlantic Relations: Reinvention or Reform?" *Progressive Governance*, July 10, 2003.

所缺乏的合法性。事实上,对很多欧洲人来说,这是单极时代一个新的大交易。费舍尔预言美国人将会在伊拉克发现"合法性的问题超出了美国的能力"。① 这不只是一个预言,这也是欧洲在影响力上的赌注。

这并不意味着费舍尔是错误的。可能他的观点是正确的。即使美国最终成功地入侵伊拉克,但是这种试图入侵并且重建伊拉克的尝试在没有获得欧洲广泛同意的前提下让双方并不愉快。美国无法忽略"合法性"的问题,而且美国也无法为其自身提供国际合法性。那么如果美国需要合法性,它该在哪里寻找呢?

---

① 2003 年 5 月 8 日,费舍尔接受《时代周刊》的采访。

12. "国际秩序"的神话

从美国企图发动伊拉克战争开始,欧洲的答案就指向安理会。"联合国是制定国际规则和合法性产生之处",法国外长德维尔潘不管是在战争之前、之中还是之后都坚持宣称这一点。[①] 毫无疑问的是法国外交部长是在为大多数欧洲人说话,包括英国人、西班牙人、波兰人、意大利人以及其他在"新欧洲"已经失去了称谓的人。确实,这种信念是如此强烈,贯穿欧洲,即使是美国最坚定的盟友,美国最后一个跨大西洋的合作伙伴——大

---

① 2003 年 3 月 19 日德维尔潘在联合国安理会的演讲。

英帝国的领导者托尼·布莱尔,也依然认为考虑联合国授权攻打伊拉克绝对是至关重要的,他需要以此给民众一个交代。[①] 小布什决定转向联合国在很大程度上是被布莱尔在欧洲实施影响力的政治需要所驱动。"联合国是国际准则和合法性的建立之所",德维尔潘在3月份安理会上宣称,"因为它以人类的名义代言"。[②]

这种信任不仅可以在欧洲找到。根据民意调查显示,美国人对联合国安理会也存在一定程度的尊重。美国人的支持比起欧洲来说更为慎重,当然也是更有条件的:大多数美国人支持绕过联合国安理会攻打伊拉克。[③] 但是对美国来说

---

① 正因为如此,他牺牲了过多的个人和国际政治资本进行徒劳的尝试以获得第二次决议明确地授权战争。

② 2003年3月19日德维尔潘在联合国安理会的演讲。

③ 参见 *Transatlantic Trends 2003*。

支持已经足够多了，至少从表面来看，小布什做了一个聪明的抉择，即试图获取安理会对攻打伊拉克的批准，不断回到安理会进行一次又一次的讨论，争取这场战争获得国际支持和国际合法性。

但安理会以及其所构建的国际法律架构真的像欧洲人所坚持的那样，是国际合法性的神圣追求目标吗？如果这样的话，那国际生活也太简单了。事实证明，自从大约 60 年前创立以来，安理会就从没有如满怀理想的联合国创立者们所设想的那样发挥过效用。它从来没有被人们，包括欧洲人，认可为国际合法性的唯一来源。欧洲人现在要求美国在伊拉克问题以及未来一切战争中寻求联合国的授权，这只是一个虚幻式的倡议，即使它看起来有点革命性。

在冷战的 40 年中，安理会由于美苏两大集团相互敌视，互投否决票而处于瘫痪状态。苏联垮台，冷战结束后，安理会才出现了可以作为国际权

威和合法性唯一源泉的可能性。于是很多人希望
联合国从一个实质上的"冷战前机构"转变为"有
效的后冷战机构"。①

但是,在后冷战时期联合国的记录并不完全
是光彩的。老布什时期,美国在 1991 年试图获得
安理会对第一次海湾战争的批准,但是这是在美
国部署了 50 万军队后,很显然,如果必要,美国无
需取得联合国的授权进行行动。② 克林顿政府在
1994 年派遣军队前往海地,事实证明也没有取得
安理会的授权。1998 年,它又冒着法国和俄罗斯
在安理会的反对发动"沙漠之狐"行动轰炸伊拉
克。安理会时不时地发挥点作用,很多观察家认
为在冷战结束之后的十年间,其权力非但没有加
强,反而被削弱了。

———————————

① Cooper, *The Breaking of Nations*, p. 57.
② 如果苏联封锁了授权第一次海湾战争的决议,没有
国家,包括苏联,会相信老布什会带着他的 50 万军
队回国。

173

最有趣的案例发生在科索沃。因为在科索沃,正是欧洲人同美国一起发动的战争,而这场战争没有获得安理会的合法授权。[①] 不管怎样,大多数欧洲人当时及其之后一直坚持认为科索沃战争是合法的。他们相信欧洲拥有特殊的道德责任以阻止欧洲大陆上发生又一场种族灭绝。毫不意外的是,在 1999 年这场战争的最有力支持者是德国人费舍尔,他当时是最具说教的绿党的主席。对费舍尔,或者对施罗德以及布莱尔来说,迫切的人道主义援助和塞尔维亚残暴的行为已经高于联合国授权的法律要求。库珀写道,欧洲对科索沃的反应,是被"二战中产生的极端集体主义带来的大屠杀和欧洲人当时的流离失所的记忆"所驱动,这种"共同的历史经验"提供了"武装干预的理由"。

---

① 当北约在 1999 年针对塞尔维亚出兵时,盟国试图但是未能获得授权,因为俄罗斯,这个塞尔维亚历史上的保护者,反对战争。

这种潜在的种族灭绝正在欧洲发生的事实赋予了欧洲特殊的责任，而且赋予了欧洲人发动战争以进行阻止的特殊权力。历史和道德战胜了国际法的传统原则。"这将是完全不同的事情，"库珀在伊拉克战争之后写的一本书中指出，对欧洲人来说，"在一个有着不同历史的不同大陆进行干预"，"欧洲秩序是基于特定的欧洲历史和其承载的价值之上的"。[1]

美国人对 1999 年没有取得联合国的授权而发动战争感到非常满足。确实，克林顿政府的很多人希望它会是一个良好的开端。正如英国政治学家克里斯托弗·科克尔（Christopher Coker）指出的，"'如果可能的话，实行多边主义；如果必须的话，实行单边主义'是克林顿政府的主要施政纲领"。[2] 在整个战争期间，美军司令，韦斯利·克拉

---

[1]　Cooper, *The Breaking of Nations*, p. 61.

[2]　Coker, *Empires in Conflict*, p. 3.

克将军,像他的很多同事一样,对欧洲人渴求的"法律问题"表达了某种程度上的不耐烦。据德维尔潘回忆,美国人,和布莱尔领导的英国人一起,将科索沃看做"没有联合国的授权下,以人道主义的理由进行习惯性干预的第一个实例。但是,我们将之看做一个例外,在迫在眉睫的人道主义灾难面前获得了广泛的合理的支持"。①

但是这种例外可能是致命的,特别是当它被适用于脆弱且经常被违反的关于使用武力的国际法的时候。事实证明科索沃战争是不合法的,不仅仅因为它缺乏安理会的授权。塞尔维亚作为一个主权国家,并没有入侵任何其他国家,而是仅仅屠杀了本国的阿尔巴尼亚人,而且这一干涉违反了《联合国宪章》在大是大非上的原则:一切国家

---

① De Villepin, "Law, Force and Justice," speech delivered at the International Institute for Strategic Studies, March 27,2003.

主权平等,不容侵犯。① 它是几个世纪以来的国际法的基石。17世纪的法律理论家胡果·格劳秀斯(Hugo Grotius)已经宣称"不干预原则是任何系统下国际法的必要条件"。所谓的威斯特伐利亚体系是在17世纪中期毁灭性的宗教战争之后建立起来的,将国家主权和不干预原则作为国家和平的先决条件。在随后的三个世纪里,可以肯定的是,威斯特伐利亚体系具有某种欺诈意味:很难列出在随后的三个世纪里的哪一年里没有发生一个国家干预另外一个国家国内事务的事件。而且,该原则和理论的背后虽然存在逻辑性却是不可行的。因为,如果国家主权没有保持神圣,那么每个

---

① 一些人可能指出《对灭绝种族罪公约》为这场战争提供了法律依据,但是这个公约规定国家必须"呼吁联合国的主管机关"采取类似行动,"在他们考虑预防和制止种族灭绝行为的合适方法时,应该基于联合国的宪章"。各国不应该基于自己的或者集团的意愿采取这种行动。北约并没有被理解为联合国法律授权的替代品。

国家对正义和道德的理解都可能导致对其他国家的干预,那么任何法律秩序建立的基础是什么呢?每个国家成为自我的审判者是对还是错呢?在科索沃冲突期间,基辛格警告说:"突然放弃国家主权的原则将冒着使世界从一切的秩序、法律以及其他观念中松脱的风险。一旦普遍干预的宗旨扩散,同真理抗争,我们可能会冒险使世界进入切斯特顿(G. K. Chesterton)提到的'道德疯狂'境地。"①

　　许多欧洲人那时反对这种说法。库珀在对基辛格的回应中写道,后现代欧洲"不再是一个真理斗争的场所"。冷战的结束导致"在欧洲出现了一套普适价值",这些共同的价值使得"在欧洲背景下,后现代干预在道德上和实践上是可持续的"。②

---

①　Henry Kissinger, "The End of NATO as We Know It?" *The Washington Post*, August 15, 1999, B7.

②　Cooper, *The Breaking of Nations*, pp. 60 – 61. 重点补充,在欧洲范围外的"后现代干预",已经变得越来越清楚,不过这是另外一回事情。

1999 年,距伊拉克战争爆发还有 4 年,欧洲人并不相信国际合法性专属于联合国安理会,或者《联合国宪章》,甚至国际法律的传统原则,而是存在于共同的道德价值中。

根据国家法律不断发展的标准,即为了处理迫在眉睫的人类灾难而采取不干预的例外原则,一些法律学者认为科索沃战争是合法的。但是这是道德战胜了法律。以科索沃的行动为例,在没有安理会的批准下,将国际公义的决定权交给相对小数量的几个西方有权国家,这还是以规则为基础的体系吗?

值得注意的是在 1999 为实现道德结论,欧洲没有说过这是"以人类的名义"。拉丁美洲、非洲以及阿拉伯世界的大部分国家都大力反对在科索沃丢弃《联合国宪章》,他们无疑感到恐惧,西方道德责任的自由原则某一天会被用来对他们进行干预。因此,北方和西方国家与南方和东方国家之间存在严重分歧,而且正如迈克尔·格伦侬

（Michael Glennon）所指出的，"在最根本性的问题上尤为如此，即何时武装干预是合适的"。不管如何，科索沃战争证明了一点，"尽管联合国规则意图在何时何地使用武力是正当的这一问题上反映单一的全球性观点——实际上普适法则，但是联合国各成员国（更不用说他们的人民）显然缺乏共识"。①

格伦侬是一位国际法学家，他认为联合国宪章所表述的不干预原则在过去 60 年间已经无数次被违反，所以它没有资格成为国际法则。用法律语言来说，它已经进入了"废止"状态。不管人们是否接受这个观点，事实是 2003 年美国和其盟国发动对萨达姆·侯赛因的战争时，联合国安理会可以授权使用武力的原则没有被建立起来，更

---

① Michael J. Glennon, "Why the Security Council Failed," *Foreign Affairs*, Vol. 82, Issue 3, May/June 2003.

别提欧洲本身了。2002 年 10 月，国务卿鲍威尔辩解说，美国和其支持者拥有"对伊拉克干预的权力，正如我们在科索沃所做的一样"。就像格伦侬指出的，《联合国宪章》"允许预防性的战争，而不再允许人道主义干预"。[①] 2003 年，法国和德国以及其他欧洲国家要求美国遵守国际法律标准，而出于伟大的道德和人道主义原因，他们自己背弃这一标准已经有将近 4 年的时间了。

当伊拉克危机在 2002 年以及 2003 年初出现时，很多欧洲人简单地转变了他们对国际法和国际合法性的观点。就在国际法学家们为建立判断人道主义干涉的新原则而工作的时候，欧洲的领导者们却因为害怕新原则可能被应用到其他不利于自己的情况上，而决定要把这个口子封死。他

---

① Michael J. Glennon, "Why the Security Council Failed," *Foreign Affairs*, Vol. 82, Issue 3, May/June 2003.

们凿沉了他们自己在科索沃战争中使用过的道德原则,开始要求僵硬地遵循《联合国宪章》。在面临美国即将进攻伊拉克的前景之时,费舍尔的脸被狠狠地抽了一记,他明确提出拒绝武装干涉和超越国家主权的观念,即使"出现大的违反人权事件"也不例外。费舍尔警告说,如果对他国事务进行干涉变成"新原则"的话,"将会出现太多的后来者",这恰和基辛格 1999 年所言相对应。"什么样的原则才是适用的原则呢? 这么多的候选者,谁适用才是合法的呢?"①这是两个切中要害的好问题,不过在 1999 年这两个问题更为突出罢了。

欧洲在科索沃和伊拉克应用双重标准反映的不只是简单的对国家法律原则和安理会首要地位尊重的渴望。今天索拉纳坚持认为欧洲对国际事务的处理"基于规则的方法"的要求"并非一项针对限制美国的工作",但是可以肯定的是,在很大

① 2003 年 5 月 8 日费舍尔接受《时代周刊》的采访。

程度上是出于这种目的。①

对美国入侵伊拉克的争论需要以近代历史的观点来看待。联合国秘书长安南谴责美国人"违法动用武力"。② 但4年之前,在科索沃的情况下,安南清晰地表达了对人道主义干预的高尚原则,其将人道主义干预置于长期坚持的国家法律传统之上。③ 雅克·希拉克(Jacques Chirac)指责美国"削弱了多边体系",坚持认为"没有人可以接受社会没有规则的无政府状态"。④ 但是希拉克又希望以防止科索沃阿尔巴尼亚人免遭屠杀的名义绕开这些规则。欧洲人坚持主张科索沃和伊拉克是完全不同的。确实如此,但是任何"基于规则"的国

---

① Solana, " The Future of Transatlantic Relations: Reinvention or Reform?"
② Dana Milbank, " At UN, Bush Is Criticized Over Iraq," *The Washington Post*, September 24, 2003, A1.
③ 参见 Dana Milbank, " At UN, Bush Is Criticized Over Iraq," *The Washington Post*, September 18, 1999。
④ Milbank, " At UN, Bush Is Criticized Over Iraq. "

际秩序必须适用于不同条件下的规则体系,否则,我们将退回到一个各国独自或者集体决议发动战争的世界,在这个世界中各国受自我的道德以及对公正和秩序的理解所引导。

事实上,这正是我们所生活的世界,也是我们所唯一生活的世界。在这个世界中,那些有实力的大国,认为他们有权代表自己,将他们对正义的理解强加到他国身上。这个国际现状的简单事实通常被描述为"强权即公理"。是否所有对正义和道德的要求都同样是正当的?欧洲和美国的现代自由主义者都信仰公正和道义,致力于保护每个个体的权利,所以不能也不应该接受这种现实的道德相对主义。在二战期间,民主国家组成的盟军宣称在道德和正义方面要优越于希特勒德国和日本帝国。在冷战期间,自由西方世界的立场要比苏联集团更引人注目。在科索沃战争中,北约宣称他们的道义要高于米洛舍维奇和叶利钦的俄罗斯。关键在于:一个没有国际法通行标准的世界并不是一个没有道德和正义的世界。也就是说，在现实世界中，过分僵硬地尊重国际法原则只能妨碍追求道德和正义，欧洲人在科索沃战争中已经承认过这一点了。

近来很多欧洲人和美国人认为，在没有获得安理会授权的情况下入侵伊拉克，美国已经"撕毁了国际秩序的结构"。但是如果存在他们所描述的某种国家秩序的话，欧洲人早在 1999 年就已经弱化了这种国际秩序。事实上，这种期望的国际秩序结构仍有待修补。如果欧洲人在其近年来构建的"合法性"上具有某种灵活性的话，这是因为"合法性"是一种难以捉摸和经常变动的概念。要发现在历史上某一给定的时刻是否存在合法性确实是一项艺术，这不是可以简化为国家法律文件读物的一门科学。对现代自由主义者来说，像富有激情的美国人和欧洲人，近年来的科索沃、伊拉克危机以及其他难以避免的国际性危机，表明目前对合法性的探寻已经成为自由主义的基本难题之一。

问题是现在国际事务中的自由主义有两大分支。① 一方面,自由主义很乐于享受自启蒙运动以来由于不断自我加强的国际法律体系带来的世界和平。此体系的成功,取决于这样一种认识,即所有国家,无论大小,无论民主还是专制,人道还是野蛮,都是平等的主权国家。格劳秀斯、汉斯·摩根索(Hans Morgenthau)以及其他诸多思想家在过去几个世纪一直在追问,如果某些主权国家以扩展民主、人权或者为了其他道德上善的目的而侵犯其他国家的主权,那国际法将如何维持呢?

另一方面,现代自由主义又非常珍惜个体的权利和自由,而且认为保护全球公民的权利和自由是一个伟大的历史进程。在目前凸显的民主和

① 以下关于自由主义和国际法的讨论在很大程度上要归功于托马斯·L. 潘格尔和彼得·J. 阿兰斯多夫的著作:*Justice Among Nations*: *On the Moral Basis of Power and Peace*(Lawrence, Kansas, 1999)。

自由变革中,要实现这一目标,只能采取强制手段。为了使独裁暴政的国家变得更人道些,像科索沃,必要时也可以施以武力。

自由主义者还认为至少从康德和孟德斯鸠开始,暴力政权变得更加积极好战。因此全球和平最终并不取决于法律,而是取决于政治和商业自由主义的传播。[①] 即使更加具有务实心态的现代自由者也已经考虑在特定的环境下进行适当的公正的干预。埃德蒙·伯克(Edmund Burke)在法国大革命的恐怖事件之后写道,"和在一个国家可能盛行的任何程度的邪恶、暴力和压迫,或在一个国家肆虐的令人憎恶的、残暴的叛乱,又或者在一个国家专权的残暴血腥的暴政,而没有相邻的权力可以注意到并为这些遭受苦难的人提供帮助一样,任何邪恶的想法的存在也是会带来巨大的危

---

① 康德和孟德斯鸠都相信和平将会主要依赖于自由国家商业的崛起,这将会使他们不再斗争。

害"。英国人应该是最后坚持不干涉原则的人,伯克认为,因为英格兰"受到自身法律和自由思想的影响,……反对干涉原则"。①

安南在回顾科索沃、卢旺达的种族灭绝及其他危机时,认为这些事件构成了现代自由主义的合法性危机。他问道:"一方面,对一个地区性组织来说,在没有取得联合国的授权下发动武力是否具有合法性呢?另一方面,这是否是对重大的系统性的人权侵犯以及其带来的严重人道主义后果的默许?"安南称国际社会无力"调和这两种引人注目的利益"是"一种悲剧"。但是作为联合国秘书长,他本身也找不到解决这种困境的答案,只能请求"国际社会"找到"共识"。②

---

① 哈维·曼斯菲尔德 1792 年 8 月 18 日给格伦维尔勋爵的信,选自 *Letters of Edmund Burke*(Chicago, 1984); Pangle and Ahrensdorf, *Justice Among Nations*, pp. 184 – 185。

② 参见 Annan,"Two Concepts of Sovereignty"。

考虑到这两种自由主义观点之间的紧张关系，到底是什么构建了国际合法性这一问题必须总在自由民主的世界内部进行争论。康德的"永久和平论"从理论上根本解决了自由主义面对的这一难题，他的前提条件是所有国家都是不受约束的自由共和国。不过《联合国宪章》却明文规定"所有成员国一律主权平等"，即便各成员国政府的本质有极大的差异。[①] 换句话说，目前的国际法律结构，没有并且不能遵从自由主义的目标，它不具备保护所有个体权利的条件。正如库珀指出的，联合国的建立是为了"维持现状而非创造一个新的秩序"。[②]

所有的现代自由主义者都必须同这种困境进行斗争。对欧洲人来说，这是一个尤为困难的问题。因为欧洲本身就是康德的奇迹。它已经

---

① 参见 Fukuyama, *The End of History and the Last Man*, pp. 281 – 282。

② Cooper, *The Breaking of Nations*, p. 58.

走出了威斯特伐利亚秩序,进入了一个后现代的、超越国家的新秩序。具有讽刺意味的是,虽然欧洲人自己已经创建出超越联合国之外的权威,但它们还仍旧宣称国际合法性就是严格遵守《联合国宪章》和尊重安理会。作为一个自由国家的联邦,欧盟更多遵从的是康德的思想而不是格劳秀斯的思想。库珀认为,"新的后现代欧洲秩序是基于完全不同的理念",同美国所基于的理念是完全不同的。①在科索沃战争期间,布莱尔曾经说欧洲必须"为建立一种新的国际主义"而奋斗,"在这种国际主义中,将不再允许野蛮压迫其他族群,那些犯有罪行的人将无处藏身"。② 如果

---

① Cooper, *The Breaking of Nations*, p. 58.

② 1998 年 9 月托尼·布莱尔在芝加哥商会做的演讲; Cooper, *The Breaking of Nations*, pp. 59 – 60。欧洲人自己也不限制这种对他们自己大陆的国家主权的入侵。国际刑事法院,被欧洲政府所拥护,授权对其他国家的领导人和政府采取反对行动,即使那些国家没有签署该条约。

这是"新国际主义"的话，那么《联合国宪章》所代表的"旧国际主义"就死亡了。欧洲人将不得不选择他们真正想遵循的自由国际主义。无论他们做还是不做，他们至少必须认识到这是两条不同的道路。

如果美国获得了合法性，那么它会倾向于哪种自由主义观点呢？美国在这个问题上一向比今天的欧洲人分歧要少，无论在实际中，传统上，还是意识形态领域，美国都更喜欢忽略威斯特伐利亚秩序来推进自由的原则。就像伯克的英格兰一样，美国人也感受到对于干预原则产生影响的"法律和自由"的存在。美国人不像欧盟那样依赖国际法律体系，欧盟本身就是一个国际法律体系的架构。所以这并不令人惊奇，尽管美国帮助创建了联合国和《联合国宪章》草案，但美国从未完全接受联合国组织的合法性以及《联合国宪章》对主权国家的教条限制。虽然美国极端强调保护自己的自主权，但是不管是在冷战期间，还是在整个美国的历史上,它并不太关心其他国家主权的神圣性。它为自己保留了在任何地点干预他国事务的权利——从拉丁美洲和加勒比地区到北非和中东,从南太平洋地区到东亚,最后,进入 20 世纪,甚至在欧洲。虽然这经常被其他国家看做是自私的伪善行为,但美国通常都把干预看做是保卫或者传播自由主义的必要行为。在冷战期间,令摩根索和基辛格等现实主义的思想家和政治家感到极为沮丧的是,美国人从不愿意接受苏联的合法性,而且不管是从内部还是外部,他们都在不断地寻求削弱苏联,即使以牺牲全球的稳定为代价。一个"邪恶的帝国"无法获得合法性和不可侵犯的权利,就像曾经的苏联一样。

美国实际上是一个革命国家,随着权力的增长,它总是不自觉地持续发挥着干扰作用。从立国的第一天起,美国就把外国的专制暴政政体视为注定要被自己的革命共和主义力量所推翻的短命政体。独裁政权被美国人认定不具合法性,①美国人把敌对的暴政政权看做理所当然的靶子。如果大多数美国人已经忘却了他们自己国家的革命对世界的影响的话,世界上的其他国家可没有忘却。约翰·昆西·亚当斯,1817年在伦敦写道,"普遍的感觉是欧洲在见证自我人口和权力的大规模增长,他们如果联合起来,我们就会被看做是国际社会中最危险的成员"。② 在19世纪早期,正是欧洲的保守主义者如梅特涅(Metternich)惧怕美国的革命,以及它所激发的法国动荡局势,将会成燎原之势,最终吞噬他们的机

---

① 那些在美国的默许下最终倒台的"友好"独裁者名单非常长。想想费迪南德·马科斯(Ferdinand Marcos)、阿纳斯塔西奥·索摩查(Anastasio Somoza)、诺列加(Manuel Noriega)等人的命运,还有韩国军政府当中的一些人。

② Letter to William Plumer, January 17, 1817, in Worthington Chauncey Ford, ed., *Writings of John Quincy Adams*, Vol. VI, (New York, 1968), p. 143; Lockey, *Pan-Americanism*, p. 159.

构和社会。今天，正是伊斯兰世界的保守力量——好战的宗教激进主义者——感到害怕并试图击退美国的腐蚀影响。欧洲人在自己的大陆上正执行着根本性的变革，寻求世界外的稳定和可预测性。对这些欧洲人来说，美国再一次成为国际社会的危险分子。

13. 再见,威斯特伐利亚体系

在欧洲人看来,危险包藏在所谓的"布什主义"之中,即其宣称的针对全球"邪恶轴心"的对抗之中。许多欧洲人和一部分美国人震惊于小布什政府所宣称的甚至要以不惜牺牲国际法和《联合国宪章》为代价来谋求迫使专制国家的政府实现"体制变更"。但是从美国历史,特别是从过去50年的历史来看,这没有什么可让人称奇的。布什主义只是自然而然地从美国的自由革命传统中生发出来的。无论有没有安理会授权,有人能够相信杜鲁门、艾奇逊、肯尼迪、里根——或者就此而言西奥多·罗斯福、威尔逊以及富兰克林·罗斯福,甚至是克林顿——会反对使用武

力消灭谋求大规模杀伤性武器的第三世界暴君
吗?① 美国有很多次用更少的挑衅和不太明显的
理由推翻暴政的机会。如果人类捍卫权利的自由
观点与国际法律传统发生冲突,与安理会发生冲
突,在涉及保卫公民和领土不受拥有致命武器装
备的独裁者威胁时,那么无需惊讶的就是,像美国
这样自由的国家会更倾向于将法律和机构制约扔
到一边。

　　如今合法性问题已经变得更为复杂,因为单
极时代的出现,并伴随着两大不断发展的历史现
象,即大规模杀伤性武器的扩散和国际恐怖主义
的兴起——这两种现象对美国的威胁都要大于欧
洲。这就是为什么小布什政府作出如此强烈反
应,包括制定"先发制人"的战略,该战略在大西洋

----

① 　比尔·克林顿,在 2003 年 7 月谈到如果萨达姆不
　　解除武装的话,寻求在伊拉克的"制度变革"是一种
　　正确的政策。Bill Clinton interview on CNN,July 22,
　　2003。

两岸都引起了极大的震动。①

　　它促使许多欧洲人以及许多其他国家认为，美国开创了一个超级大国为发动预防性战争而无视国际法和国际秩序的先例，这是它不具合法性最重要的新证据。联合国秘书长安南声称"到现在为止，已经被认可的是当国家超越国界（紧急自卫），并且决定使用武力处理涉及国际和平和安全的更广泛的危机时，他们需要联合国授予的唯一授权"。预防性战争的"逻辑"，"对已经安稳了58年的世界和平和稳定"提出了"根本性的挑战"。②暂且把安南提到的冷战历史时刻放到一边，其错

---

① "先发制人"并不是对小布什政府政令的准确描述。它意味着对一个即将有攻击性的国家或者组织采取的行动。事实上小布什政府在伊拉克采取的是"预防性战争"，意味着甚至在敌对国家作出进行攻击的决策之前就采取行动。这是不同于传统国际法律观点的一个较难理解的论点。出于这篇文章的目的，我将使用"预防性战争"一词。

② Milbank, "At UN, Bush is Criticized Over Iraq."

误地断言在美国称霸的几十年里,甚至在 1999 年,美国和欧洲接受了"唯一合法性"。更有趣的问题是,是否新的国际环境不仅强迫美国人,同时强迫欧洲人,甚至安南本人,去重新审视传统的国际法律原则以及"合法性"的定义?

预防性战争的概念不是最新的。当库珀指出,小布什政府所谓的预防性战争的概念同"英国长久以来的传统思想——不允许任何单一的力量主宰欧洲大陆——没有什么根本性的不同",这个原则为 17 世纪后期发动接替西班牙霸权的战争辩护。① 这也不是在现代社会形成的新预防理念。约翰·肯尼迪在古巴导弹危机中威胁采用预防性行动。20 世纪 80 年代,在贝鲁特的海军营房遭到轰炸之后,国务卿乔治·舒尔茨公开呼吁用预防性行动的思想抵制国际恐怖主义——需要强调的是,欧洲并未为此感到震惊。

---

① Cooper, *The Breaking of Nations*, p. 64.

甚至早在 2002 年小布什政府公开宣布预防性战争的政策时,在美国内部已经有不同的声音,但是在欧洲,为了应对国际恐怖主义威胁,预防性行动可能是必要的,不管这种行动是否在事实上违反了国家法律的理念和威斯特伐利亚体系的原则。在美国,著名的自由派理论家迈克尔·沃尔泽(Michael Walzer)在 1998 年声称用传统的法律依据来反对预防性战争应该是"不同的",在他看来"大规模杀伤性武器引起的危险是不同的,它们有的可能是正在秘密研发,有的可能会突然被毫无警告地使用,从而带来灾难性的后果"。沃尔泽认为,在这种情况下,预防性行动是"合法的",特别是在伊拉克。但是这就会发生没有安理会授权的"单边主义行动"。"联合国大多数国家拒绝采取武力"对那些"能够有效使用武力的成员国"来说不是一个"排除使用武力的很好的理由"。如果美国人没有准备好"采取单边主义",沃尔泽总结到,"我们也没有准备好生活在这个国际社会中"。①

　　从意识形态领域的另一端来说,基辛格,作为国家主权原则、不干涉原则以及神圣的威斯特伐利亚体系的伟大支持者,仍然认为为了应付变化的国际环境,这种原则现在应该被扔在一边。基辛格在美国入侵伊拉克之前认为,"威斯特伐利亚条约以来的国际法则建立在这样的理念之上:无法被渗透的民族国家以及有限的军事技术,这在总体上使得一国可以冒坐待一种确定无疑的挑战来临的风险"。在后冷战时期,"恐怖主义威胁超越了民族国家",大规模杀伤性武器的扩散使得这种等待的危险变得尤为巨大。② 当基辛格做出这样的声明时,威斯特伐利亚体系土崩瓦解。事实

---

①　Michael Walzer, "The Hard Questions: Lone Ranger," *The New Republic*, April 27, 1998.

②　Henry Kissinger, "Iraq Poses Most Consequential Foreign-Policy Decision for Bush," *Los Angeles Times*, August 8, 2002.

上,大规模杀伤性武器的扩散和恐怖主义这对孪生物迫使很多人重新评估合法性以及使用预防性武力的合法性。索拉纳坚持认为"对抗国际恐怖主义的斗争……应该发生在国际法律规则内部"。但是难道这些规则本身不会发生巨大的变化吗?[1]库珀,碰巧是索拉纳的高级顾问,他承认在大规模杀伤性武器扩散的世界,"遵循良好建立的法律规范以及依靠自我防御不会解决问题"。[2] 甚至安南也建议联合国成员应该开始考虑"新的标准,以在解决特定类型的威胁时——比如有大规模杀伤性武器的恐怖组织——提前获得采取强制措施的授权"。[3] 安南建议说,如果美国担心其安全问题,并希望采取预防性行动,他可以寻求联合国安理会的授权进行提前打击。

---

[1]　Glenn Kessler, "Bush: Israel Must Defend Itself," *The Washington Post*, October 7, 2003, A19.

[2]　Cooper, *The Breaking of Nations*, p. 64.

[3]　2003 年 9 月 22 日安南在联合国大会上的演讲。

安南的提议,不管实用性如何,揭露的事实是对待预防性行动的国际态度。真正的问题并非预防性战争本身,而是谁来预防,以及谁决定在何时何地发动预防性战争。在这一点上同其他很多问题一样,欧洲反对的并不是美国如此多的行动,而是他们认为美国的行动是"单边主义"。对预防性战争的争论不过是对单极困境中心论点的摘述:如何才能对唯一的超级大国进行控制?

14. 什么是多边主义？

很多人会认为如果美国试图获得任何使用武力的国际合法性，它必须避免采取"单边主义"行动，而是必须接受"多边主义"的外交政策。大多数美国人也同意这个意见——只是他们对"多边主义"的理解不同于欧洲人。当美国人说"单边主义"的时候，他们意指一种积极恳求取得盟友支持的政策，但是对即使是自称为"单边主义"的美国人来说，安理会的授权也不是必要条件——"如果可能的话，实行多边主义；如果必须的话，实行单边主义。"这意味着美国需要盟国的帮助和约束。但是对大多数美国人来说，这对美国自身并非是约束。

然而对欧洲人来说，"多边主义"更正式，而且更像是法律。它是在采取某些举动前，从正常构成的国际机构取得合法支持的一种方式；它是采取行动的必备先决条件。最近的民意调查显示，如果美国的关键国家利益遭到威胁，大多数美国人愿意绕过联合国安理会行事；但大多数欧洲人，即使以牺牲自己的国家利益为代价，他们也愿意遵守安理会的决议。①

至少今天的欧洲人在伊拉克战争中是如此说的。不过在 1999 年科索沃战争的时候，他们可不是这么想的。这再一次证明，墨守成规的欧洲人，对条款进行死板的理解，并试图将国际合法性简单地定义为"多边主义"。到底什么是"多边主义"？这并不意味着要严格服从联合国安理会的决议，在 1999 年，它没有这样做，然后多边主义变为一种靠不住的概念。

那么，究竟为什么这么多欧洲人认为美国

---

① 参见 *Transatlantic Trends 2003*。

2003 年在伊拉克的军事行动是单边主义呢？毕竟，美国不是自己一个国家侵入伊拉克，还有许多国际盟友共同参加了行动，其中包括欧盟的重要成员国，如英国、波兰、西班牙。某种意义上，这次行动是"多边主义"的，虽然它没有得到联合国的授权。科索沃战争虽然没有得到安理会的授权，但也同样被认为是一次多边主义行动啊！很难想象，如果法国、德国和英国都支持美国在伊拉克的行动，而只有中国和俄罗斯反对的话，欧洲人还会叫嚷这是一种单边主义行动吗？——毕竟，在科索沃，虽然俄罗斯和许多发展中国家反对，但欧洲并不认为它的战争是单边主义的。德维尔潘承认"南半球的一些国家"反对科索沃战争。但他强调，战争仍然是合理的，因为在欧洲获得"广泛的支持"。[1] 正如库珀

---

[1]   De Villepin, "Law, Force, and Justice," speech to the International Institute for Security Studies, March 27, 2003.

表明的,欧洲人认为他们对战争几乎一致的支持,是因为共同的欧洲历史以及共同的欧洲价值为其提供了充分的合法性依据。难道国际合法性应该按照欧洲人所同意的任何事情来定义吗?

在美国入侵伊拉克的事例中,欧洲人建立了一个很高的合法性的国家标准。德维尔潘在2003年联合国安理会上的著名的发言中说,"我们行动的权力",必须基于"统一的国际社会"。① 这到底是什么意思? 难道德维尔潘认为如果没有整个国际社会的一致同意,就不会采取任何行动了吗? 或者"统一"这个词的另一层意思需要被定义得更为松散些? 美国在伊拉克的战争获得了几十个国家的支持,但是根据德维尔潘和其他很多欧洲人的意见,这还不够。那么,怎样一个数目才足够授予合法性呢? 如果一些特定的苛刻盟友加入支持

---

① De Villepin statement to the UN Security Council, February 14, 2003.

行列的话是否就够了呢？那么在定义"多边主义"的时候，是否盟友的资格比数量更重要呢？法国比西班牙更重要吗？索拉纳认为，"合法性依赖于建立更为广泛的共识"。但是到底要有多广泛？谁来定义这个广度已经足够了？① 这些问题的答案难免主观，而且已经过于主观以至于成为了任何"基于规则"的国际秩序的基础。

所以很难不得出这样的结论，当美国人和欧洲人批评美国在伊拉克战争中是单边主义时，他们并不真的意指美国缺乏广泛的国际支持。相反，他们指的只是美国在欧洲缺乏广泛支持。他们这样鸣不平并不是因为俄罗斯、中国反对——什么时候美国人和欧洲人在意过这个问题——也不是非洲、拉美、中东的大多数国家反对这场战

---

① Solana, "The Future of Transatlantic Relations: Reinvention or Reform?" *Progressive Governance*, July 10, 2003.

争。在过去的一个世纪,占世界人口大多数的国家已经很多次对美国的政策提出了反对,也没有引起过西方的合法性危机。美国在伊拉克的"单边主义"引起的危机究竟是什么?是美国没有获得全部欧洲盟友的支持,特别是法国和德国的支持。说小布什政府是"单边主义者",不是因为它没有得到北京、巴西利亚、吉隆坡、莫斯科和其他国家的支持,而只是因为它丧失了巴黎和柏林的拥戴。

最终,批评美国实行单边主义并不是指美国单独行动,而是它的行动不会也不能被限制,即使是它最亲密的盟友也不行。根据柏林和巴黎的观点,美国是"单边主义者"是因为欧洲的权力难以对其施加任何影响力。正如费舍尔坦率指出的,"现在的问题是:如果美国发挥主导作用,欧洲人会变成什么?他们还能够决定他们自己的命运吗?或者他们只是被迫在其他地方执行已经决定好的行动?"的确,英国和西班牙支持美国在伊拉克的行动。费舍尔承认，但是"最具决定性的问题"在于是否这些国家"可以发挥或者一点也不能发挥影响力"。①因此，即使有 100 个国家站在美国这一边，或者即使 2/3 的欧洲国家支持美国的行动，只要丧失了对美国的影响力，那么美国的政策就是"单边主义"的。

这就是为什么众多的欧洲人对小布什打算将"志愿者联合"（coalition of the willing）而不是像北约这样制度化的联盟作为未来美国的外交工具提出异议的原因。"使命决定联合"的理念将美国从所有的义务以及从欧洲的影响力中解脱出来，即使一些欧洲人也是联盟的一部分。这就是为何很多欧洲人发现美国谈论"旧"欧洲和"新"欧洲时感觉如此困扰的原因。这是以一种美国的分治战略来看待的，一种在未来可以弱化联合起来的欧洲的影响力的方式，如果这种联合的欧洲存在的话。

---

① 2003 年 8 月费舍尔接受《明镜周刊》的访问。

正如索拉纳指出的,"我们中的大多数会喜欢被称为'盟友'或者'伙伴'而非工具箱里的工具"。他建议,如果美国再一次考虑同欧洲盟友捆绑在一起,那么作为回报,欧洲将会提供其所需要的支持和合法性。伊拉克战争之后,索拉纳说道,"以盟友的方式对待朋友,那么他们会表现得像一个真正的盟友,他们会考虑合法化领导权"。[①] 尽管索拉纳再次强调欧洲对这种对待的要求并非意图"真的否决美国的行动",当然事实就是如此,但没有人会因为他们希望这种否决而责备他们。总之,今天的合法性危机不仅是有关于法律援助,甚至有关于联合国安理会的超级权力。这在很大程度上也是跨大西洋两岸为了影响力斗争的结果。这是欧洲对单极困境的反应。

---

① Javier Solana,"The Future of Transatlantic Relations: Reinvention or Reform?" *Progressive Governance*, July 10,2003.

15. 自由主义的合法性

　　美国人可能会对争取合法性不感兴趣,认为关于合法性的争论只是一场骗局而已,但这是一种错误认识。2000 年大选的时候,小布什的高级外交顾问赖斯(Condoleezza Rice)曾经嘲笑克林顿政府的外交信念是"要取得诸多国家,甚至是联合国这样的机构的支持,认为这是美国权力取得合法性的必需条件"。但事实是,即使是小布什政府也不得不去寻求欧洲人的同意才可以采取行动,并且是在欧洲坚持的联合国安理会上获得授权的批准。在发动伊拉克战争问题上,美国可能不需要法国和德国的支持,但它至少需要英国的支持。为什么呢? 不是因为英国的军队对伊拉克战争的胜利有多么重要,而是小布什政府非常理解美国人民想要并且也确实需要由布莱尔的支持所带来的国际合法性大旗。毫无疑问的是,在入侵伊拉克的问题上,小布什政府未能获得欧洲国家的全面支持,并由此未能获得更广泛的国际合法性——而且在国内也遭遇了像国外一样的挫折。

有众多理由要求美国必须寻求欧洲的认可。但是这些理由与国际法、安理会的权威以及并不存在的"国际秩序结构"无关。重视欧洲是因为它和美国一道形成了自由民主世界的核心,但美国对自由民主的敏感使得欧美的合作困难了,原因是美国不在乎欧洲朋友的害怕、关切、利益和需要。美国的外交政策将会被美国的自由主义者引向寻求同欧洲更为和谐的关系上,当然如果欧洲人愿意以及有能力实现这种和谐的话。

这种选择过程对美国来说非常困难,得不到来自民主阵营的有效支持和认可的话,随着时间流逝,美国能否坚持下去就要打上一个问号。这并非我们通常提到的原因可以解释的。虽然大多数美国人认为，实行多边主义是因为美国需要盟友物质上的支持，但是事实上，这是美国对国际合法性的需要，被定义为获得自由民主世界的批准——由欧洲代表的——这最终会证明在美国的选择过程中更具决定意义。① 但现在在军事上，美国完全可以独自行事，而且事实上它也一直是单独完成任务，即使在欧洲人全面参与的时候也是如此，比如科索沃战争和第一次海湾战争。在经济上，如果必要的话，它也能独立行动，就像这次在伊拉克一样——毕竟 50 年前它曾经用自己的资金重建了欧洲和日本。唯一不确定的就是美国人民是否会在美国最亲密的民主国家盟友对

---

① 世界上其他主要自由民主国家并不像欧洲一样受到美国的重视，包括印度和日本。是因为对于西方阵营来说他们还算是新进入者，还是因为文化和种族偏见，这都很难说。但是新德里的观点肯定不如巴黎的观点重要。

美国的合法性持续不断地提出质疑的情况下，还愿意继续支持进行军事行动和负担战后占领的费用。

美国人总是在意世界上其他国家是如何看待他们的，至少自由世界是如何看待的。由于狭隘和漠然，他们的这种荣誉感是不值当的。美国人被建国之父们告知这种在意是必要的——在建国宣言中，美国人宣称拥有"人类的真诚尊重"是非常重要的，他们指的其实是欧洲。自从那时开始，美国人被迫关注自由世界里那些独特的国家理念是如何考虑的。美国的国家主义同欧洲的不同，它是根植于其血液和土壤中的，正是这种信仰理念将美国人紧紧地团结在一起。在过去三个世纪的大部分时间里，美国人一直认为他们是世界范围内自由革命的先锋。从一开始他们的外交政策就不局限于捍卫和推动他们自己的国家利益。本杰明·富兰克林在美国独立战争后说道，"我们不仅为我们自己奋斗，而且为全人类奋斗"。不管这是真是假,美国人一直选择相信是真的。美国在国内和国外之间没有清晰的划分,因此,在民主世界如何思考美国以及美国如何思考自身之间也没有清晰的划分。美国历史上每一次严重的外交政策辩论,从杰斐逊反对汉密尔顿开始,最终演化为关于国家认知的辩论,都对美国人提出了一个根本性问题:"我们是谁?"因为美国人确实在意,民主国家的伙伴对美国国际合法性的不断否定是否会随着时间推移而逐渐减弱,并最终失效。

因此美国人不能忽视单极困境。小布什政府最大的失败就是它在认清这个事实上反应太慢。他和他的智囊们的指导思想仍停留在克林顿政府时期指导在野共和党外交政策的狭隘现实主义之上,赖斯在2000年1月著名的论文中写道,克林顿政府没有把重点放在"国家利益"上而是打算处理"人道主义利益"或者"国际社会"的利益。相反地,小布什政府重新审视所有条约、义务以及盟友,以"国家利益"对它们进行重新评估。①

　　美国采取如此狭隘的"国家利益"观点的理念
是错误的。美国一直以"人道主义利益"为重,但
是除了分析错误外,作为唯一一个超级大国在单
极时代阐明这种过于"现实主义"的方法是极其严
重的外交政策错误。全球霸主不能对世界宣称它
只是以自己所定义的"国家利益"来指导自己的行
为。这正是美国最亲密的盟友所担心的,即美国
将只会为了自己才会运用其前所未有的巨大权
力。在其论文中,赖斯嘲笑那些认为"美国只有在
代表其他人或者其他事情时才能发挥其权力合法
性的信念"。要不是美国之外的世界,合法性的源
泉从何而来? 当美国人以自身的利益行动时,赖
斯声称,它必然会代表所有人的利益。她说道,
"可以肯定的是,代表全人类的利益没有什么问

---

①　Condoleezza Rice, "Promoting the National Interest,"
　　Foreign Affairs, Vol. 79 (January/February 2000), p. 47.

题,但是某种程度上,它应该被排在第二序列"。①
但是即使美国最亲密的朋友会被说服吗？他们能
够相信一直追求自身利益的美国会为他们的利益
服务吗,作为某种"第二序列的影响"？

但是,一个单极世界和美国的主角地位要求
对美国国家利益下一个更广泛的定义。美国不能
让人看起来好像只按自我利益行事,也不能只按
其国家利益行事。按照犹太哲人希勒尔的话说,
"如果我不是为我自己,谁会为我考虑？如果我不
为其他人,我又是谁"？美国必须以全人类受益的
方式行事,正如它过去一直努力做的一样,它必须
寻求造福那些共享美国自由原则的人。即使在可
怕的紧急状态中,而且尤其在这种情况下,世界唯
一的超级大国需要证明它是在代表着所有分享其
原则的人在发挥权力。

---

① Condoleezza Rice, "Promoting the National Interest,"
Foreign Affairs, Vol. 79 (January/February 2000) ,p. 47.

在这点上,今天美国在伊拉克的行动方式尤其重要。重要的不仅是伊拉克和中东地区的未来,也关系到美国的声誉、能力以及作为世界领导者的合法性。美国承诺保护伊拉克的国内和平,它将被评判是否做到了这一点,美国同时被评判的还有它是真的为了促进那里和其他地区的自由而行动,还是仅仅只是为了保护自己的利益。

没有人能够比典型的现实主义者基辛格更有力或者更准确地提出这一点。基辛格在同样的论文中提出超越威斯特伐利亚体系的情形,他仍然坚称通过新的、"革命性的"方法的引导,美国会招致"特殊的责任"。基辛格在战前说道,由于其权力,"准确地说,由于这次战争的首例性质,其结果将会决定国际社会对美国行为的看待"。美国在伊拉克的任务不仅是赢得战争,而且是"使世界上的其他国家相信我们第一场先发制人的战争是必要的,是代表了世界利益而非我们自己的利益"。美国的"特殊责任,作为这个世界上最有权力的国家,在于通过更多军事力量来建立国际体系——确实,努力把权力转化为合作。任何其他的态度都将使我们逐渐孤立和排离"。

简而言之,美国必须以最真诚的态度追求合法性:通过提高自由民主原则的方式,不仅把它作为提高美国安全的一种方式,而且要把它看做是追求自由民主本身。如果成功的话,它将带给美国在自由民主世界中的权威地位,包括欧洲人的承认。欧洲人永远不会忘记自己的使命是建设一个更人道的世界,虽然当下他们的脑子更多地被维护国际法律制度的思想所占据。

在提高自由主义方面,美国不能不考虑它的自由民主的欧洲盟友的利益,但也不应害怕它们。美国应当在一场新的跨大西洋博弈中给予欧洲人一些影响力来反制美国的权力,反过来,欧洲人也应当谨慎明智地使用他们的这些影响力。北约作为自由民主国家的联盟组织,可以成为这样一个博弈的场所。美国已经在北约内部对欧洲国家放弃了霸权地位:在所有商讨中,欧洲国家和超级大国拥有同样的地位。数十年来,北约已经成为调和美国霸权和欧洲国家自主权和影响力的组织。甚至在今天,它的组成成员要比联合国的成员对美国人更有吸引力。

但是美国能在不将自己的安全、欧洲的安全以及整个自由民主世界的安全置于危险境地的情况下转让一部分权力给欧洲吗?这是存在极大困难的。但是,即使美国有最大的诚意,如果美欧间在关于当下全球威胁的本质和应对它们的方法上仍有分歧的话,美国也无法与欧洲合作。事实是,观念上的分歧使得美国和欧洲在冷战后分裂了。

库珀认为,如果国际合法性来源于共享的价值和历史,既然冷战已经结束,那么这种共同性仍然存在吗?如果跨大西洋两岸的自由主义国家仍然有很大的共性,在世界秩序根本性问题上的哲学分裂似乎超过了这些共性。很难想象合法性危机能够在这种分裂持续的情况下得到解决。即使美国履行它的诺言,赋予欧洲所渴望的影响力,对这个世界有着完全不同看法的欧洲人会满足吗?如果欧洲人和美国人能够在什么是当今世界的威胁上达成共识,他们就很容易恢复他们在冷战期间结成的合作关系。如果欧洲人和美国人不能分享他们关于世界当前挑战的共同观点,他们就不可能加入对付这种挑战的共同战略。一旦欧洲必须单独对付这些挑战,特别当有必要动用武力的时候,它也会遇到现在美国面临的同样的合法性危机。

那么美国该如何做呢?美国人应该出于跨大西洋两岸的和谐利益考虑,改变他们对全球威胁的理解方式以配合他们的欧洲朋友吗?这么做是不负责任的。今天,不止美国人的安全而且自由民主世界的安全都依赖于美国的权力,就如过去半个世纪依赖美国一样。安南自己深信自从第二次世界大战之后世界相对的和平和稳定是联合国安理会和《联合国宪章》的结果。但是,即使是欧洲人也知道这不是真的。"美国是唯一真正的全球力量",费舍尔也承认这一点,"我必须提醒大家不要低估它对世界和平和稳定的重要性。而且要意识到低估美国会对我们自己的安全意味着什么"。①

但是美国是通过自己的眼睛看世界,而不是用欧洲人的后现代世界观来看世界。就算美国现在采用后现代欧洲的观点,美国和后现代欧洲本身也不会维持长久的安全。今天,大多数欧洲人相信美国夸大了国际安全的危险。而2001年9月11日之后,大多数美国人害怕的是没有把危险估计得足够充分。

这就是悲剧所在。为了对付今天的全球危险,美国人需要欧洲提供的合法性,但是欧洲人可能不愿意这样做。在努力限制超级大国的时候,他们并没有看到世界上正在扩散的危险,这种危

---

① Joschka Fischer interview, *Stern*, October 2, 2002.

险远大于美国所带来的危险。在焦急地担心单极世界的同时,他们可能已经低估了一个非自由、非民主国家压倒欧洲的多极世界出现的可能性。在维护国际法制度的激情之外,他们可能已经忘记了曾经塑造今日欧洲的其他自由原则。欧洲人可能通过这种手段削弱美国的实力,但是因为他们并不想自己取代美国的地位,所以这样做只会削弱整个自由民主世界自卫的力量——也是在削弱自由主义本身。

现在许多欧洲人把"邪恶轴心"带来的风险作为赌注,认为不管是恐怖主义还是专制政权,都比不上美国这个不受约束的庞然大物所带来的风险。也许正是欧洲的后现代本质才使他们做出这样的结论。不过现在这个时刻,是该问问那些欧洲最聪明的头脑,包括那些生活在帕斯卡尔(Pascal)故乡的人,如果赌注下错的话,会有什么样的后果呢。

图书在版编目（CIP）数据

天堂与权力：世界新秩序中的美国与欧洲/（美）卡根
（Kagan，R.）著；刘坤译. —北京：社会科学文献出版社，
2013.3
（美国研究译丛）
ISBN 978 - 7 - 5097 - 4180 - 1

Ⅰ.①天… Ⅱ.①卡… ②刘… Ⅲ.①国际关系 - 研究 -
美国、欧洲 Ⅳ.①D871.22 ②D850.2

中国版本图书馆 CIP 数据核字（2013）第 004107 号

·美国研究译丛·
天堂与权力
——世界新秩序中的美国与欧洲

著　　者／罗伯特·卡根（Robert Kagan）
译　　者／刘　坤

出 版 人／谢寿光
出 版 者／社会科学文献出版社
地　　址／北京市西城区北三环中路甲 29 号院 3 号楼华龙大厦
邮政编码／100029

责任部门／全球与地区问题出版中心　　责任编辑／张金勇
　　　　　（010）59367004　　　　　　　　　　　　王晓卿
电子信箱／bianyibu@ssap.cn　　　　　责任校对／郝永刚
项目统筹／祝得彬　　　　　　　　　　责任印制／岳　阳
经　　销／社会科学文献出版社市场营销中心
　　　　　（010）59367081　59367089
读者服务／读者服务中心（010）59367028

印　　装／北京鹏润伟业印刷有限公司
开　　本／787mm×1092mm　1/32　　印　　张／7.625
版　　次／2013 年 3 月第 1 版　　　　字　　数／91 千字
印　　次／2013 年 3 月第 1 次印刷
书　　号／ISBN 978 - 7 - 5097 - 4180 - 1
著作权合同
登 记 号／图字 01 - 2012 - 9350 号
定　　价／29.00 元